근대 초기 드라마의 외연 확장

자코비안 드라마의 영화 각색과 전유

KB140234

이 책은 2018년 대한민국 교육부와 한국연구재단의 지원을 받아 수행된 연구임
(NRF-2018S1A5B5A02028780)

근대 초기 드라마의 외연 확장

자코비안 드라마의 영화 각색과 전유

조재희 지음

서문

이 책의 목적은 과도한 폭력성, 성적 이미지, 전복적인 성향의 이유로 저평가되어 왔던 자코비안 드라마를 재조명하는 데있다. 영국 드라마에서의 영화 각색은 주로 셰익스피어 작품에치중되는 경향이 강하다 보니 자코비안 작가들의 극의 영화각색은 미미했다. 이러한 문제를 인식한 필자는, 말로의 『에드워드 2세』를 각색한 <에드워드 2세>(Derek Jarman, 1991), 웹스터의 『말피 공작부인』를 각색한 <호텔>(Mike Figgis, 2001), 그리고 미들턴의 『복수자의 비극』을 각색한 <복수자 비극>(Alex Cox, 2002)으로 대표되는 자코비안의 각색 영화에내재된 포스트모던한 자코비안적인 과격하고도 체제 전복적인특성이 오히려 현대에 더 적합한 담론임을 파악하게 되었다. 더 나아가 극에 함유된 현대 자코비안적인 포스트모던한 특성이 새로운 미래 지향적 담론의 전유까지 가능함을 시사하기 때문에 영국 근대 초기 드라마의 영화 각색에 큰 잠재적 가능성을 부과할 것으로 기대했다.

이를테면 우선, <에드워드 2세>에서는 말로의 극에 내재된근대 초기 동성애에 대한 억압의 주제가 있다. 자먼은 이러한근대 초기 동성애 억압을 인식하고 이러한 억압에 대한 저항을 현재까지 연계해 영화에 재현했으며 또한 그 재현된 방식이 들뢰즈의 철학적 사유로 해석된다는 점에서 필자는 말로 극의 현재성을 결론 내리고자 했다. 다음 <호텔>에서는 웹스터 극에 암시되었던 식인문화(카니발리즘)와 여성의 성 억압에 대한 주제가 있다. 피기스 감독이 웹스터 극에 내재된 다양한 여성 억압의 재현을 도플갱어나 식인자아 소환이라는 현대적 시각으로 영화에 재현한 방식에서 필자는 웹스터 극의 현재성을 결론 내리고자 했다. 마지막으로 <복수자 비극>에서는 성적으로 타락한 지배층 권력자에게 복수를 한다는 빈디치의 전복적인 욕망이 저변에 깔려 있다. 콕스는 미들턴 극에 내재된 지배층 권력의 여성 억압, 인종차별의 역사를 실제 억압이 있었던 리버풀과 병치시켜서 억압의 역사가 계속되고 있음을 그리고 자코비안의 타락한 귀족의 행태가 여전히 존재함을 영화화했다. 콕스의 영화가 과거의 억압 역사를 현재화시키고 자코비안의 타락한 귀족의 행태를 현대적 감각으로 재현시켰으며 더 나아가 보드리야르의 철학적 사유의 해석이 가능하다는 점에서 필자는 미들턴 극의 현재성을 결론 내리고자 했다.

이 책에서 필자가 자코비안 극의 현재성 담보라는 주제를 모든 자코비안 극에 적용시키지 못한 한계가 있지만 이 책이 여러모로 도움이 되길 바란다. 영국 자코비안 극을 연구하는 국내 연구자들이나 영문학을 공부하는 학생, 영국 문학에 관심을 가진 독자들만이라도 말이다. 영화를 통해 고전의 현대적 주제의 작업이 이루어지는 상호 텍스트성의 과정도 제공받을 뿐 아니라 폭넓고 다양한 시대적 담론을 사유할 기회를 제공받으리라 믿는다.

끝으로 이 책을 출판하기까지 연구를 지원해 준 한국연구재단에 감사의 말을 전하고자 한다.

목차

제1장

『에드워드 2세』의 영화 각색과 전유

<에드워드 2세>(*Edward Ⅱ*)(1991)는 크리스토퍼 말로 (Christopher Marlowe)의 『에드워드 2세』(*Edward Ⅱ*)(1592) 를 각색한 영화이다. 동시대인인 셰익스피어는 극의 주제를 왕조 체제 유지에 두었지만 말로는 국왕 시해에 대한 생각을 거침없이 표현하는 정치적 과격 인물의 세대에 속한다 (Minton, 140). 말로는 '과격성'의 특성에 어울리게 자코비안 (Jacobean) 작가로 분류가 된다. 이러한 특성은 자코비안이 "타락적이고 폭력적이며 풍자적인 일탈"임을 주장하는 파스칼 애비셔(Pascale Aebischer)의 견해에서도 확인된다(*Jacobean Drama* 1). 애비셔는 또한 말로의 각색 영화가 할리우드 중심 의 주류 영화에서 보여준 더 보수적인 서사와 스타일의 전략 과는 분명히 반대되는 성향을 가지고 있기 때문에 이를 "현대 자코비안"(contemporary Jacobean)으로 특징짓는다. 데릭 자 먼(Derek Jarman, 1942-1994)은 말로의 '자코비안적이고, 성 적이며, 그리고 폭력적인'(Jacobean, sexy, and violent)(Lee

Benjamin Hutter, 401)『에드워드 2세』에서 강한 정치적 모델과 전-텍스트를 찾게 된다. 대부분의 비평에서도 자코비안을 위반적이고, 폭력적이며, 그리고 성적으로 반체제의 것, 즉 현대적인 특성으로 이해하고 있음을 보인다. 본 연구에서는 과거의 현재성을 부각시키는 자코비안적 주제를 탐색해 영국 근대 초기 드라마의 현대적 전유의 가능성을 입증하고자 한다.

역사상 에드워드 2세(1307-1327)는 오랫동안 학자와 예술가들 사이에서 연구되고 토론되어 왔다. 이들은 무엇보다도 그의 동성애적 성향에 초점을 둔 것 같다. 에드워드 2세에 관한 각색 작품은 알려진 게 많다. 말로 또한 그의 생애를 극으로 다루었다. 말로 극에서 에드워드 왕은 프랑스 출신인 개비스톤(Gaveston)과의 동성애적 관계로 인해 왕비인 이사벨라(Isabella)와 모오티머(Mortimer)를 포함한 다른 귀족들로부터 지배권을 빼앗긴다. 개비스톤은 살해당하고 왕은 지하 감옥에 갇힌다. 왕은 불에 달군 쇠꼬챙이를 항문에 집어넣어 죽게 되는 가혹한 벌을 받는다. 그의 아들 에드워드 3세가 왕위에 올라 왕비와 모오티머를 벌한다.

이러한 말로의 극에 내재된 근대 초기 영국의 동성애에 대한 억압은 데릭 자먼의 영화에선 파격적인 주제로 확장된다. <에드워드 2세>는 에드워드 왕과 라이트본(Lightborn)이 지하 감옥에 있던 말로 극의 마지막 장면에서부터 시작된다. 영화의 구성에서부터 말로의 극과는 다르다. 영화의 서사는 지하 감옥에 있던 에드워드의 회고 방식으로 이루어진다. 많은 비평가들이 첫 장면에 비중을 많이 둔다. 극의 마지막 장면이 영화의 첫 장으로 나옴에도 불구하고 첫 대사는 극의 첫 대사와 같다. 세 명의 다른 인물들에 의해서 이 대사는 3번이나 말해진다. 극의 오프닝 장면에서 에드워드의 편지를 받고 그것을 낭독한 개비스톤은 마지막 사람으로 말을 한다. 지하 감옥을 첫 장면으로 계획한 것은 에드워드가 감옥에 있지만 반드시 죽는 것이 아님을 분명하게 하는 듯하다. 실버스톤(Catherine Silverstone)은 에이즈와 연관된 병에 걸린 자멘이 "산 자들을 대표해 죽음 너머의 것을 말하기 위해"(an extraordinary effort on behalf of the living to speak beyond death) 특별히 노력했으며, "미래로 향한 과거의 얘기"(his effort to speak of the past to the future)로 해석한다(463). 할페린(David Halperin)은 현재에 산다는 것이 많은 역사가 있었던 세상과의 동시적인 거주임을 말해 주듯이 <에드워드 2세>의 오프닝은 미래로 향하고 역사적 조우를 가능하게 한다. 자멘은 우리가 "울림이 있는 현재"(vibrant present)에 대한 역사적 주장을 해야 한다고 인식한다. 극이 현재를 말하도록 해야 한다는 것이다. 프리먼(Elizabeth Freeman)은 에드워드 2세가 역사성에 대한 모델로서 그의 몸이 침입당하고 파편화되고 단절될 수 있으며, 현재에서 조건적이고 뜻밖의 것으로 느껴지는 퀴어의 가능성을 시사한다고 밝힌다. 세지윅(Eve Kosofsky Sedgwick)은 단선적으로 의미하는 '퀴어'가 아니라 가능성, 틈, 중첩, 불화와 공명, 의미의 경과와 과잉에 열려 있는 개념으로 해석한다

(Hutter, 397-98 재인용). 이렇듯 에드워드 2세는 역사적 인물로 끝나는 게 아니라 끊임없이 현재의 우리에게 화두를 던지는 인물이다.

정치적 맥락에서 살펴보자면, 1987년 보수당에서 영국의 수상 마거릿 대처(Margaret Thatcher, 1979-90)는 홀스베리(Halsbury)의 법안에 기초하여 게이에게는 양도할 수 없는 전통적 도덕 가치를 존중하는 법을 아이들이 배워야 한다고 주장했다(Aebischer, *Screening* 36). 이러한 상황은 지방 정부법 조항 섹션 28로 이어져 동성애 금지를 시행했다(Smith Anna, 60). 불행하게도 자먼은 1986년에 에이즈 바이러스에 감염되었다. 자먼의 개인적인 불행이 영화제작에 어느 정도 영향을 미쳤을지는 본 연구에서 배제한다. 영화에서는 동성애 금지법에 대한 저항 단체인 아웃레이지(Outrage)의 집회 모습이 간간이 삽입된다. 이와 같은 객관적인 사실만 연구에서 언급하고자 한다.

본 연구에서는, 우선 동성애에 대한 정체성의 정의를 파악해야 하는 관계로, 동성애에 대한 근대 초기 영국의 성적 담론의 연구를 이끈 알랜 브레이(Alan Bray), 조나단 골드버그(Jonathan Goldberg), 미셸 푸코(Michel Foucault)로부터 많은 연구자들에 이르기까지의 역사적 관점을 언급한다. 그다음은 비평가들이 동성애의 근거로 제시한 성적 메타포나 함축된 의미를 중심으로 말로의 텍스트에서 재현된 에드워드와 개비스톤 간의 관계를 분석한다. 동성애의 재현은 에드워드의 주체성과 관련이 있기에 특히 들뢰즈와 가타리(Gilles Deleuze and Guattari Felix)의 『천 개의 고원』(A Thousand Plateaus)에서 '리좀'의 특성을 보여주는 지도 제작의 원리에서 나온 본뜸(tracing)과 지도(maps)의 두 요소와 에드워드 2세의 주체성을 관련지어 분석해 보고자 한다. 근대 초기의 고정된 이분법적인 성적 주체성을 거부하고 탈주해 새롭게 접속하고 무한히 창조의 가능성을 지닌 리좀의 생성체계의 방식으로 에드워드의 주체성을 해석하고자 한다. 이러한 둘 간의 관계가 영화에서는 어떻게 현대적인 정치와 문화적 맥락에서 재현되는가를 살펴본다. 더 나아가 자먼이 영화에서 재현한 새로운 측면, 즉 아들인 에드워드 3세의 모호한 성적 정체성의 장면들을 들뢰즈의 또 다른 분석의 개념인 '결정체'의 관점에서 분석하고자 한다. 마지막으로 들뢰즈의 시간 개념에 대한 설명과 더불어, 자먼이 말로의 텍스트에는 없던 에드워드 3세의 정체성에 초점을 둔 것에 의미를 부여한다. 이는 동성애(퀴어)의 계속된 저항과, 에드워드의 행동이 과거, 현재의 이미지를 결정해 주고 미래로 향하는 시간을 경험하고 있음을 보여준다.

결국 결론에서는 자먼이 근대 초기의 동성애 억압을 인식하고 계승해 재현한 방식을 들뢰즈의 철학적 사유로 정리한다. 즉 '수목형의 논리'를 대표하는 위계질서에 도전하는 에드워드 2세의 주체성을 리좀의 재현 모델로 사유하는 방식으로 해석하게 된다. 또한 말로의 과거 에드워드의 주체성이 층으로부터 탈주한 선들이 탈영토화 해 현대의 퀴어라는 또 다른 재영토화 원리에 적용되었다고 해석한다. 그리고 모호한 성 정체성을 가진 듯 보이는 에드워드 3세의 행동을 통해 그가 과거와 현재의 이미지를 결정해 주고 미래로 향하는 시간의 경험자임을 필자는 결론 내리려 한다. 이러한 결론은 말로의 극에 대한 새로운 사유의 지평을 열어준다는 점에서 의의가 있다고 본다.

2

1. 말로 극에서 동성애의 역사적 담론

극과 영화의 분석에 앞서 말로 극에 내재된 동성애의 역사적 담론을 잠시 살펴보고자 한다. 미셸 푸코의 『성의 역사』(*The History of Sexuality: An Introduction*)(1978), 알랜 브레이의 획기적인 『르네상스 영국의 동성애』(*Homosexuality in Renaissance England*)(1982), 조나단 골드버그의 『남색: 르네상스 텍스트상의 근대성』(*Sodometries: Renaissance Texts Modern Sexualities*)(1992)의 저술에서는 동성 간의 성적 욕망과 그것의 행위가 동성애 정체성이라는 어휘가 발전하기 전부터 존재해 왔음을 인정하지만, 그들은 근대 초기에서는 이러한 행위들이 개인의 정체성과는 분리된 채 성별, 가족의 지위, 사회적 계급, 지역적 혹은 도시의 소속, 국적, 혹은 종교에서 중심이 되었다고 주장한다(Lee, 5). 그들은 성적 욕망이나 그것의 행위가 그 어떤 누군가의 정체성의 일부가 아님을 주장한다.

이후 이들이 제기한 논쟁을 반박하는 학자들이 나오게 된다. 여기서부터는 리가 분석한 내용을 바탕으로 한다. 그레고리 브로드벡(Gregory W. Broadbeck)은 『남창과 해석』(*Sodomy and Interpretation: Marlowe to Milton*)(1991)에서 여성스러운 남성(mollies)을 남색과 호모 에로티시즘과 연관 지어 브레이가 제안한 것보다 더 이른 시기의 문학으로까지 추적한다. 사라 문슨 디츠(Sara Munson Deats)는 『크리스토 말로 극에 나타난 성, 성별 및 욕망』(*Sex, Gender and Desire in the Plays of Christopher Marlowe*)(1997)에서 성의 주제에 대한 페미니스트와 정신분석 이론을 적용해, 동성애의 도래 시기를 결정하는 시점에 대한 학자들의 견해를 담고 있다. 조셉 캐디(Joseph Cady)는 「남성적 사랑', '르네상스 글쓰기' 및 동성애의 '새로운 발명'」("'Masculine Love', Renaissance Writing, and the 'New Invention' of Homosexuality")(1992)에서 'masculine love'의 용어가 동성애를 대표한다고 하지만 동성 간의 욕망이 남색과는 다르다고 밝힌다. 디트와 캐디는 동성 간의 욕망이 근대 초기에는 남색에 대한 정의 밖에 존재하고 있음에 지지한다.

브레이, 골드버그와는 대조적으로 브루스 스미스(Bruce R. Smith), 클라우드 서머스(Claude Summers), 그리고 케네스 보리스(Kenneth Borris)는 근대 초기 영국에서의 동성 간의 욕망에 대한 성격 규명을 둘러싼 학자들의 논쟁에서 행위의 패러다임은 거부하고 있다. 스미스는 '도덕, 법적 그리고 의학적 담론'을 통한 남색 연구와 문학을 통한 동성애적 욕망의 연구 간에 분명히 선을 긋는다. 서머스는 「말로와 르네상스 동성애의 구축」("Marlowe and Constructions of Renaissance Homosexuality")에서 브레이가 동성애의 현대적 정체성과 남색을 동등하게 보는 것을 두고 이는 르네상스의 호모 에로틱한 다양한 재현을 설명할 수 없는 내용이라고 반박한다. 보리스는 『영국 르네상스의 동성 간의 욕망』(Same-Sex Desire in the English Renaissance)(2004)에서 동성 간의 욕망을 검토할 때 성적 정체성과 반대되는 성적 행위에 초점을 둔 '행위의 패러다임'을 둘러싼 브레이와 골드버그의 입장에 반대한다. 『근대 초기 유럽의 동성애 연구』(The Sciences of Homo-sexuality in Early Modern Europe)(2008)에서 보리스는 연구 분야가 행동의 패러다임에 덜 갇히고 성을 이해하는 다양한 방식에 더 열려 있기를 희망한다고 밝힌다(Lee, 8-10 재인용).

『퀴어/초기/근대』(Queer/Early/Modern)(2006)에서 칼라 프레케로(Carla Freccero)는 학자들이 성과 (이성애적) 규범성에 대한 문학 비판과 역사적 추정을 발전시키기를 바란다고 표현하며(Lee, 12 재인용) 스미스와 서머스를 포함한 많은 작가들이 성과 젠더를 같은 것으로 보아서는 안 된다고 경고한다.

위에서 언급한 사려 깊고 설득적인 논쟁에도 불구하고 학자들은 정체성의 범주가 언제 발전하기 시작했는지에 대한 통찰은 거의 하지 않는다. 하지만 이러한 정체성 범주나 정치적 개념은 우리가 그것들을 완전하게 형성된 생각으로 인식하기 전 오랜 시간에 걸쳐 천천히 부상했음에 틀림없다고 리는 주장한다. 생각이 천천히 발전한다는 것은 들뢰즈와 가타리의 철학적 사고, 즉 확실한 의미와 개념의 지점까지 만들어진 층, 혹은 지층의 관점에서 그러한 발전을 설명할 수 있다. 지층은 서로서로 겹겹이 쌓여서 새로운 지층이 뚜렷이 나타나기 전까진 구별이 되지 않는다. 기호와 기표에 대한 그들의 설명에서, 개념이 발전하기 전까지 자연적인 코딩에서, 추상기계(사고를 만들어내는)는 지층에 감싸진 채 남아 있다(*A Thousand* 65).

이러한 오랜 시간에 걸쳐서 나온 개념이 자리를 잡게 되는 원리에는 반복적으로 이루어지는 것이 조건이고, 이러한 반복적 계열화를 야기하는 층들의 배열이 곧 '배치'라는 개념으로 설명된다. 기호라든가 단어는 의미를 형성하는 지층 혹은 분자로부터 부상함에 틀림없다. 개념은 언어가 그 개념을 설명하거나 이름을 붙이기 위해 부상하기 전에 이해의 분자로 건립됨에 틀림없다. 생각들이 합쳐져 언어로 부상하는 방법에 대한 들뢰즈와 가타리의 개념은 성의 역사와 정체성으로서의 성의 사용에 대한 사고가 행위를 넘어선 범주로 들어가는 데에서도 유용하다. 그러므로 '동성애' 단어의 출현은 동성 간의 욕망 주변으로 형성된 정체성의 개념이 출현하면서 형성된다고 볼 수 있다(Lee, 13-14). 필자 또한 이러한 생각에 동의한다.

특히 리는 에드워드 2세의 여러 각색 작품을 대상으로 근대 초기 영국 작가들이 에드워드 왕의 역사를 이용해 층의 정의와 정체성 범주가 어떻게 시작됐는가를 살펴보았다. 결론적으로 동성 간의 이끌림의 주변에서 형성된 정체성을 보도록 했다. 이성애적 유대감과 같은 에드워드와 개비스톤의 행위는 동성 간의 끌림이 보통의 성적 행위 이상의 무언가로서 의미를 가지게 된다고 한다(Lee, 15). 말로 극을 포함한 여러 각색 작품은 들뢰즈와 가타리가 동성애에 대한 근대적 이해를 이끌어낸 방식으로 에드워드를 개비스톤에 대한 사랑의 대상 인물로 정의 내린다. 비록 동성애라는 단어가 존재하지는 않지만 홀린쉐드(Raphael Holinshed)의 『영국, 스코틀랜드 및 아일랜드의 연대기 1권』(*The First volume of the Chronicles of England, Scotland and Ireland*)(1577)을 포함한 에드워드 2세의 여러 각색 작품은 성의 근대적 개념에 대한 우리의 이해와 그것의 구성에 이바지해 왔다. 또한 그 작품들은 동성 간의 성적 욕망을 발전하는 정체성의 범주로 이해하려는 노력의 부상과 더불어 왕의 신분, 성과 젠더로부터 나오는 다양한 질문을 전하기도 한다.

말로의 에드워드 2세가 다른 작품에 비해 근대 초기 영문학에서 성의 분석으로 자주 논의가 되었다. 필자는 골드버그가 동성애의 근거로 제시한 "총신"(minion, 118)이 "gay"나 "homosexual"의 현대적 사용과는 언어적으로는 동등하지 않더라도 그 단어에 함축된 성적 의미는 에드워드와 개비스톤의 성적 관계로부터 그들의 성과 젠더가 정의될 수 있는 가능성을 제공한다고 제안한 리의 견해(15)를 전제로 한다.

2. 『에드워드 2세』에 재현된 에드워드 2세의 리좀적 주체

『에드워드 2세』는 동성애에 대한 여러 비평과 더불어 페미니즘, 신역사주의 및 퀴어 연구가 꾸준히 이루어져 왔던 극이다. 대부분의 연구에서는 인본주의를 근간으로 에드워드의 주체를 해석하였지만 후기-구조주의 학자들은 개인의 주체를 이데올로기적 압박에 대한 지속적인 과정으로 인식한다. 특히 들뢰즈와 가타리의 이론은 『에드워드 2세』를 주체성에 대한 경쟁적인 사유가 담긴 극임을 증명한다. 극의 주인공인 에드워드 2세는 다른 인물들이 그에게 부과한 한계로부터 벗어난 주체성을 형성한다. 필자는 들뢰즈와 가타리의 『천 개의 고원』에서 리좀의 특성을 보여주는 지도 제작의 원리에서 언급된 본뜸과 지도의 두 요소 간의 차이를 인간 주체의 재현으로 설명하고 이를 에드워드 2세의 주체에 적용해 보고자 한다.

들뢰즈와 가타리는 본뜸과 지도 간의 차이를 인간 주체의 재현으로 설명한다. 이 둘 간의 차이를 설명한 다음 에드워드 2세를 들뢰즈와 가타리가 인본주의적 주체성으로 설명한 본뜸과 동등하게 본 '나무의 논리'에 도전하는 인물로 구체화한다. 귀족들은 왕을 자신들의 의지에 맞는 자리에 그를 본뜨게 한다. 하지만 '지도화 된' 에드워드의 자아는 그런 환경을 피하려 한다. 들뢰즈와 가타리에 따르면 '수목형 논리'는 '리좀'과는 대비적인 개념으로, 모든 나무의 논리는 본뜨기와 재생산의 논리이며, 나무는 본뜨기를 강조하고 위계질서화 한다. 본뜸은 나무의 잎과 같다고 한다(*A Thousand* 12). 본뜨기는 이 상을 구체화하고 정지된 지점들을-한계, 고정관념, 도덕적 제한- 재생산하고 이미 주어진 대로 그들의 기원을 추정한다. 본뜨기가 자연스럽고, 위계질서적으로 결정되어 있고 정확하다고 추정하는 반면, 들뢰즈와 가타리의 지도는 그것들을 세상 안으로 순환시켜 새로운 의미를 가능하게 한다. 이들은 그 지도가 "실재와 접촉하는 실험 작업을 지향하도록 한다."(is entirely oriented toward an experimentation in contact with the real.)(12).

본뜨기와는 다른 지도제작은 다양한 입구의 통로를 제시하고, 연결을 촉진하며, "수행을 해야 하며, 반면 본뜨기는 주장된 "언어능력"(competence)을 포함한다"(12-13). "언어수행"(performance)으로서는 들뢰즈와 가타리는 막힘이 탈주선으로 전환됨을 설명한다. 이를테면, 접속이 만들어지고 이것은 이전에 연결되지 않은 두 개의 길을 연결한다. 이는 이전의 제한이 있던 공간을 횡단하는 수단을 제공한다. '능숙함'으로 들뢰즈와 가타리는 그것들을 변형시키고 빠져나가는 것 없이 장애와 함께 존재함을 암시한다. 지도가 '언어수행'에 해당하며 본뜸이 '언어능력'에 해당한다고 했는데 정신분석이 바로 본뜸에 적용된다. 정신분석에서는 변용의 주체화가 일어나지 않으며 무의식의 본뜸만 반복적으로 일어날 뿐이다.

리좀은 선들로만 구성된다. 분할선, 성층 작용의 선들, 도주선 및 탈영토화선이 대표적이며 다양체는 이러한 선을 따라가며 본성이 변신한다. 이러한 리좀의 특성과는 달리 나무는 나무 유형의 계통들과 연결되고 점과 위치들 사이에서만 자리가 정해진다(21). 큐리야마(Constance Brown Kuriyama)가 설명한 프로이트식 주체 형성이 바로 이러한 해석에서 나온 것인데 오이디푸스 삼각형의 정점 사이에 있는 관계로 재현이 된다는 점 때문이다(191). 전통적인 본뜸의 개념은 에드워드의 주체를 설명하기엔 부족하다. 정신분석에서 주장하는 오이디푸스 가족관계로 환원되는 주체성과는 달라서 에드워드 2세의 주체성은 이분법적이고 고정된 관계에서는 해석이 불가하다. 들뢰즈와 가타리의 진술처럼 "본뜸"은 지도 제작이 아니다. 본뜸은 기원과 위계질서를 우선시하는 나무의 논리에 참여한다.

『에드워드 2세』는 본뜨기가 그려나가는 빡빡한 공간에서 그리고 그 사이에서 수행의 수단을 발견하게 되는 가능성을 탐색한다. 언급했듯이, 이러한 공간들은 극의 행동에 대한 배경으로 기능하는 위계질서적인 조직체의 관점에서 정의된다. 차별화되지 않은 연속체로 간주되는 것에 위계질서적 관점을 본뜨는 인물들은 개인들을 고정하고 그들이 알려지고 통제 받기를 바란다. 물론 위계질서는 대상들이 그들에 의해서 분류가 될 때만이 작동한다. 식물의 논리에 근거를 둔 고정된 주체에 대한 이러한 생각과는 대조적으로 『에드워드 2세』에서 말로는 리좀적인 주체를 제안하는데 이는 접붙이기를 함으로써 주변으로부터 탈주선을 그려내는 주체이다. 이를테면 되기-주체(becoming-subject)가 된다는 것이다. 이사벨라 여왕, 모오티머, 주교들 그리고 신하들은 에드워드의 존재를 귀족의 식물형 위계질서의 관점에서 본뜨기를 추구한다. 에드워드는 새롭게 접속하고 무한히 창조의 가능성을 지닌 리좀의 생성체계의 방식으로, 즉 새로운 가지를 이접함으로써 나무형 논리를 전복한다.

『에드워드 2세』에서 귀족들은 나무 유형의 위계질서의 관점에서 에드워드의 존재를 본뜨려 한다. 그는 더 유동적이고 리좀적인 주체성을 지도로 만든다. 지도는 그 자체로 리좀에 속한다. 되기-주체가 되는 셈이다. 에드워드는 이성애적 영토성에서 탈영토화로 나아가는 탈주선을 생성한다. 탈주로서의 동성애는 새로운 주체인 동성애자 되기를 가능하게 한다. 고정된 것이 아니라 변화 생성하는 과정에서 나오는 주체는 기존 나무의 위계질서에 내재된 코드화되고 지층화된 질서와 부딪힘으로써 새롭게 주체화된다. 에드워드 2세의 탈주선의 욕망이 어떻게 움직이는지 살펴보자.

에드워드는 리좀의 일부인 탈주의 선으로 다른 다양체들과 연결 접속한다. 이를테면 신분이 다른 이들과 어울리며 그들에게 직책을 부여하는가 하면 성적인 관계를 맺기도 한다. 이러한 점은 언스트 칸토로위츠(Ernst H. Kantorowicz)의 『왕의 두 몸』(*King's Two Bodies*)에서 주장되는 왕의 "인간적인 몸"(Body natural)과 "정치적인 몸"(body politic)에서 해석을 해 본다면 에드워드는 인간적인 몸의 나약함만을 보여줄 뿐, 정치적 몸이 지니는 신성한 권위를 전혀 보여주지 못하고 있음을 볼 수 있다(강석주, 18 재인용). 결국 이를 빌미로 귀족들은 에드워드를 위협하고 그를 폐위시키는 결과를 초래한다.

우선 개비스톤이 겪게 되는 일련의 추방과 귀환에서 보인 에드워드의 반응과 이에 대한 귀족들의 반응을 살펴보면서 에드워드의 리좀적 되기를 분석하고자 한다. 에드워드는 리좀의 일부인 탈주의 선으로 다른 다양체들과 연결 접속(connexion)한다. 이는 그의 지도 주체성의 전형이다. 개비스톤이 왕을 우연히 나체의 다이애나(Diana)를 본 신화적 인물인 악티온(Actaeon)으로 표현하지만 에드워드는 누군가를 "나체인" 상태로 내버려두지 않을뿐더러 그의 주변인들에게 다양한 직책의 옷을 입힌다. 이러한 측면은 왕 나름의 기존 위계질서에 대한 대안이 될 수도 있으며 이러한 노력은 그의 유동적인 특성으로 보인다.

이러한 유동적 탈주의 선은 이접(disjunction)과 통접(conjunction)을 채택함으로써 귀족들이 상정한 왕의 역할 본뜨기에 부딪힌다. 에드워드는 계도(genealogical tree)의 독자적인 원칙을 전복한다. 직책을 마음대로 분배하는 형식으로 새로운 가지를 이접함으로써 켄트(Kent)의 제안에도 불구하고, 영국의 왕은 비천한 신분의 출신자들에게 무모하게 직책을 하사한다. 개비스톤에게 "과인은 이 자리에서 그대를 시종장이자,/ 이 나라와 나를 위한 내무대신,/ 콘월 백작, 그리고 맨 섬의 왕이자 총독으로 임명하노라."(I here create thee Lord Chamberlain,/ Chief Secretary to the state and me,/ Earl of

Cornwall, King and Lord of Man.)(1.1.153-155)[1]와 같이 말한다. 에드워드는 또한 이전에 분명한 신분의 차이가 있었던 평민을 자신의 친구의 개념으로 통접한다.

개비스톤을 맞이하는 자리에서, "내가 누구인지 모르겠나?/ 바로 그대의 친구, 그대 자신, 개비스톤의 분신 아닌가!"(Know'st not who I am?/ Thy friend, thyself, another Gaveston!)(1.1. 141-42)라며 자신을 개비스톤과 동일시한다. 이러한 상황에서 기존의 나무 본뜨기 현상은 덜 두드러져 보이며 왕국에서의 에드워드의 권력 관계를 설명하기엔 부적절해 보인다. 에드워드는 가지를 이접시킴으로써 계도를 리좀으로 변화시키며 출생으로 주어진 신분의 기원을 흐리게 하는 환경 안으로 들어간다. 이러한 상황은 귀족들에게 위협으로 다가온다. 들뢰즈가 "하위체계인 소수이며, 창조적이며 창조된 잠재적 생성으로서의 소수… 모든 생성은 소수적이다."(minorities as subsystems; and the minoritarian as a potential, creative and created, becoming…. All becoming is minoritarian.)(A Thousand 105-106)라고 기술한 바와 같이 에드워드의 주변인을 포함한 소수자 생성(되기)의 결과는 귀족들의 기존 지배질서에 적대적일 수밖에 없다.

에드워드의 소수자 되기는 귀족들 사이에서 그들의 직책에 대한 염려를 야기하며 그의 언어는 위계질서를 혼란시키는 욕구를 방증한다. 이에 개비스톤이 왕과의 동성애를 이용해 왕의

---

1) 김성환 역, 『에드워드 2세』에서 텍스트와 해석을 인용함. 이후 출처를 표시하지 않음.

권력을 탐하고 추구한다는 해석(강석주, 15)도 있으며 모오티 머를 포함한 기득권을 가진 귀족들은 동성애자들을 그들의 성 행위로만 판단해 그들의 정체성을 정의하려 한다. 더 나아가 그들의 욕망은 단순한 육체적 쾌락으로만 간주되는 경향이 우세하다. 하지만 이성애자들의 낭만적 사랑 못지않게 동성애자 들의 사랑 또한 낭만적인 욕망으로 충분히 해석이 가능하다. 에드워드가 특히 개비스톤에 대한 감정과 개비스톤에 대한 관 계에서 그의 감정을 강조한다는 사실은 그의 정체성이 동성 간의 욕망과 사랑을 통해 강조됨을 암시한다. 에드워드의 동성 애자 되기는 이미 생성되고 있었음을 암시받을 수 있다.

개비스톤의 죽음까지 포함한다면 에드워드는 그와 세 번의 이별을 하고 두 번의 재회를 겪는다. 이러한 이별과 재회의 경험은 에드워드 왕의 두 몸에서 비롯된 욕망의 탈주의 상태 를 탐구하는 데 도움이 된다. 정치적인 몸의 측면에선 에드워 드는 귀족들에 대한 통제가 절대적으로 부족한 상태이다. 하 지만 극에 재현된 이별과 재회는 관객으로 하여금 귀족과의 정치적 투쟁보다는 오히려 두 남성 간의 애정과 감정적 연대 의 깊이를 보게끔 하는 데 무게가 실린 듯하다.

부왕의 명령으로 추방된 개비스톤과의 첫 재회로 왕이 그에 게 보낸 편지의 내용에서처럼 개비스톤은 왕국을 공유하고 "살아서 왕의 총신이 되는"(live and be the favorite of a king.)(1.1.5) 인물이 될 것이다. 개비스톤은 자신의 귀국을 헤 엄쳐 가는 리앤더(Leander)[2]와 동등하게 본다. 재회에 대한 개비스톤의 설명에는 성적인 암시가 있는데 "소신을 옥체로 맞아주실 것이기에"(take me in thy arms.)(1.1.9)라고 했기 때문이다. 헤로(Hero)가 리앤더를 맞이하는 남녀 사이의 장면인 셈이다. 헤로와 리앤더 간의 이성의 사랑과 성적 관계는 에드워드를 향해 개비스톤이 느끼며 그를 향해 에드워드가 느낄 것으로 개비스톤이 추정하는 동성 간의 성적 욕망의 메타포가 된다. 에드워드와 개비스톤의 관계는 이성애적 연인 간의 감정이나 성적 유대와 흡사하다. 개비스톤이 에드워드에게 느끼는 친밀감은 분명히 성적이다. 돌아온 개비스톤이 런던의 모습이 "마치 죽어 갓 천당에 당도한 사람의 눈앞에 펼쳐진 천국과도 같습니다."(Is as Elisium to a new-come soul;)(1.1.11)라며 "이 몸은 폐하의 품속에서 희열로 기진했거니와"(upon whose bosom let me die)(1.1.14)라는 표현을 한다. 'die'는 16세기나 17세기 시인들 사이에서 성적인 오르가슴에 대한 메타포로 사용된다. 김성환의 설명대로 이 단어를 통해 개비스톤과 왕의 동성애 관계에서 그가 '남성'의 역할을 하고 있음을 시사한다(64).

성적인 암시를 더 언급하자면, 개비스톤은 "나긋나긋한 왕을 이리저리 내 맘대로 이끌"(draw the pliant king which way I please.)(1.1.52) 동성애 가면극을 개최할 것을 얘기한다. "내 미동들을 숲의 정령들처럼 차려 입히고,/ 내 부하들은 풀밭에

---

2) 그리스 신화에 나오는 이야기로서, 리앤더가 헤로를 만나러 밤마다 헬레스폰트(Helles pont)해협을 헤엄쳐 가다간 빠져 죽었다는 슬픈 사랑에 관한 스토리이다.

서 풀을 뜯는 사티로스처럼,/ 염소 같은 발로 몸을 비비 꼬는 야릇한 춤을 추도록 해야지."(Like sylvan nymphs my pages shall be clad,/ My men, like satyrs grazing on the lawns,/ Shall with their goat feet dance the antic hay.)(1.1.57-59)라고 자신의 계획을 밝힌다.

여기에서 관객들은 처음으로 왕과 다른 남성들과의 관계에 나타난 성적 특성에 노출된다. 개비스톤은 왕을 유혹하기 위해 이탈리아식 가면을 사용할 계획이다. 이러한 장면은 "미소년"(lovely boy)(1.60, 64-65) 젠더의 수행을 불러일으킨다. 골드버그는 개비스톤이 묘사한 마스크가 사실상 무대 위에서는 제시되지 않아서 그것이 지닌 성적 특성은 묵살된다고 지적하지만 리는 무대 위에서 사용된 그 단어는 동성 간의 성적 욕망과 트랜스젠더의 이미지를 만들어낸다고 주장한다. "다 드러낸 양팔에는 진주 팔찌를 차게 하고"(Crownets of pear about his naked arms), "장난기 깃든 양팔"(his sportful hands) 및 "폐하의 옥체를 씻겨드리도록"(bathe him)(1.1.62-65)에서 개비스톤이 한 말은 트랜스젠더의 소년을 연상시키며, "악티온처럼 숲속에서 이 광경을 훔쳐본 자"(One like Actaeon,[3]) peeping through the grove)(1.1.66)는 남성임을 확신할 수 있다(Lee, 35 재인용).

"악티온처럼", "남자들이 보고 환호할 은밀한 부분을 가릴

---

[3] 신화에 나오는 사냥꾼. 다이애나 여신의 목욕 장면을 훔쳐본 죄로 수사슴으로 변신된 후 그녀의 사냥개에게 물려 죽임을 당함.

양으로"(those parts which men delight to see)(1.1.64)에서 보듯이 말로가 동성 욕망의 이미지를 고안하고 근대 초기 영국 문화가 그 욕망을 어떻게 파괴하는가를 보여주기 위해 사용한 그리스 신화는 에드워드 자신의 말로를 예견해 준다(Lee, 36). 악티온의 파괴는 에드워드의 죽음이 동성의 욕망과 그 욕망의 대가로 오는 처벌과 충분히 연결된다(김성환, 70).

개비스톤이 추방지로부터 돌아오자, 왕은 "자네를 다른 나라로 실어 나르는 배를 참고 견디느니/ 차라리 바다가 내 영토를 가라앉게 하는 편이 낫네."(And sooner shall the sea o'erwhelm my land/ Than bear the ship that shall transport thee hence.)(1.1.151-52)라고 말한다. 이후, 개비스톤과의 두 번째 이별에서는 귀족들과 논쟁을 하면서 다음과 같이 공언을 한다. "사랑하는 개비스톤이 과인과 헤어지기 전에,/ 이 섬은 대양을 표류하다/ 인적이 드문 인도를 향해 흘러갈 것이오."(Ere my sweet Gaveston shall part from me,/ This isle shall fleet upon the ocean,/ and wander to the unfrequented Ind.)(1.4.48-50). 에드워드는 신하들의 자리와 권력을 불안정하게 만드는 발언을 서슴지 않고 한다. "모오티머, 경이 과인의 왕좌에 앉게./ 워릭과 랭카스터, 그대들이 과인의 왕관을 쓰도록 하게."(Here Mortimer, sit thou in Edward's throne,/ Warwick and Lancaster, wear you my crown)(1.4.36-7)라는 말까지 한다.

개비스톤의 두 번째 추방에서, 말로의 언어는 왕과 그의 총애 간의 감정적 유대감을 잘 보여준다. 캔터베리 주교와 교황의 추방 명령에서 에드워드는 왕의 의지를 통제하는 교회의 권력에 대한 반감을 보여주고 에드워드가 표현한 감정적 고통은 에드워드 사랑의 깊이를 보여주는 척도가 된다. 조카 모오티머가 "어찌하여 온 세상이 그토록 미워하는 자를 총애하시는 겁니까?"(Why should you love him whom the world hates him so?)(1.4.76)라는 질문에 "그는 온 세상보다도 더 나를 사랑하기 때문이오."(Because he loves me more than all the world.)(1.4.77)라는 이유를 댄다. 귀족들과 백성들로부터 사랑을 받지 못하는 왕의 이미지가 극에서 두드러진다. 개비스톤의 추방 동안 에드워드는 "그리고 그대는 오래 타국에 머물지 않게 될 걸세. 혹 그렇게 된다면,/ 내가 그대에게 가겠네. 나의 애정은 결코 변함이 없을 걸세."(And long thou shall not stay; or, if thou dost,/ I'll come to thee; my love shall ne'er decline)(1.4.114-15)라고 말한다.

리에 따르면 에드워드의 언어는 두 남성이 하나의 영혼을 공유한 존재임을 반영한다. 개비스톤이 추방당할 때 "짐은 그대 자신으로부터 추방되었네."(from this land, I from myself am banished)(1.4.118)라고 말한다(38). 여기에서 개비스톤의 물리적 추방은 단순해 보이지만 에드워드에게 개비스톤의 상실은 그의 참된 자아의 상실이다. 자신의 존재를 개비스톤과의 관계에서 연결 짓는다. 이에 개비스톤은 "전하와 작별하기 때문입니다. 전하의 자비로운 눈길에/ 개비스톤의 축복이 있었기에/ 그 눈길 말고는 다른 어느 곳에서도 그런 행복을 찾을 수 없기 때문입니다."(But to forsake you Edward, in whose gracious looks/ The blessedness of Gaveston remains,/ For nowhere else seeks he felicity.)(1.4.120-22)라고 말한다. 이 추방으로 개비스톤이 사회적 지위를 상실하지만 그의 슬픔의 언어는 에드워드 한 사람에게 더 집중된다. 그들의 행복은 그들의 재회에서만 존재한다. 그들이 헤어졌을 땐 "현실은 더할 나위 없이 비참하구먼!"(most miserable!)(1.4.129)이라고 말하며, 그들은 말 대신 포옹으로 그들의 감정을 표현한다.

그들이 헤어지게 되면, 왕은 자신의 사회적 지위를 저버리는 데까지 자신의 상실감을 애도하고 개비스톤으로 향한 자신의 감정적 유대감을 애절하게 표현한다. 개비스톤을 귀환시키는 조건으로 에드워드는 귀족들에게 자신의 왕좌를 내주겠다고 말한다. 그의 슬픔이 자신의 왕좌를 버리도록 한다. 그는 심지어 "내 마음은 슬픔의 망치가 두드려대는 모루와 같아서,/ …그 울림이 나의 어질어질한 머리를 이상하게 하여"(My heart is as anvil unto sorrow,/ …Ah, had some bloodless Fury rose from hell)(1.4.311-13)라는 말까지 한다. 반쪽이 없이는 자신의 삶에 어떠한 가치나 목적이 없다고 한다. 말로는 이사벨라로 하여금 왕의 슬픔을 듣게 한다. 그녀의 결혼을 유지하기 위해 그녀는 귀족들에게 개비스톤이 돌아오게끔 한다. 그녀에게 결혼은 사회적 지위를 보장하게 해준다. 개비스톤의 상실에 대한 에드워드의 사랑과 결혼이라는 사회적 지위 간의 대조는 두드러진다(Lee, 38-39).

개비스톤과의 두 번째 재회 이전에, 귀족들은 자신들의 자리에 위협을 느낀 데 대한 반응으로 에드워드를 통제하고자 그에게 나무의 주체성을 부과하려는 언어를 사용해 왕좌를 제어하려 한다. 귀족들은 영국에서의 개비스톤의 존재에 대해 왈가왈부하지 않으려는 데 의견을 일치한다. 기쁜 에드워드는 모오티머에게 자신이 공포한 마상대회에서 모오티머가 사용할 방패에 대해 말해 보라 한다. 이에 모오티머는 나무의 구조를 근거로 자신의 방패 문양을 설명한다.

> 조카 모오티머. 전하께서 그리 간곡하게 청하시니 여쭙겠사옵니다.
> 보란 듯이 치솟은 무성한 삼나무의
> 꼭대기 왕의 가지에 제왕 같은 독수리들이 내려앉았는데,
> 나무껍질을 타고 자벌레가 기어 올라가,
> 꼭대기 왕의 가지에 도달한 문양이옵니다.
> 뜻인즉 '결국은 동등하다'이옵니다.

> Mortimer. But seeing you are so desirous, thus it is:
> A lofty cedar tree fair flourishing,
> On whose top branches kingly eagles perch,
> And by the bark a canker creeps me up
> And gets unto the highest bough of all;
> The motto; Aeque tandem. (2.2.15-20)

그 '보란 듯이 치솟은 무성한 삼나무'와 '제왕 같은 독수리들'은 자연스러운 왕의 고귀함과 왕과 귀족의 관계를 의미한다. 그러한 재현에서 에드워드는 본뜨기를 해야 한다. 정치적

위계질서에 대한 본질 혹은 이상인 나무의 핵은 영향을 받지 않았지만 현 시국의 상징인 외피는 병들어 있다. 모오티머에 따르면 에드워드는 동료들 사이에서 '제왕 같은 독수리들' 중 하나이어야 한다. 에드워드는 국가의 질병에 대해서 책임을 져야 하지만 에드워드의 애정은 국가를 병들게 한다. '결국 동등하다'는 표어(motto)는 에드워드의 탈주선이 통접으로 연결된 개비스톤의 신분상승이 위계질서를 무너뜨리게 된다는 상황을 재현시킨 모오티머의 염려를 상징한다. 모오티머는 에드워드의 리좀적 지도 형성을 견제하는 셈이다.

이러한 모오티머의 의도에는 아랑곳하지 않고 에드워드는 개비스톤과의 또 한 번의 재회(두 번째의 재회)에서 서로의 사랑을 다음과 같이 고백한다. 에드워드는 "그대가 이곳을 떠나며 짐의 슬픔에 찬 가슴에 새겨놓았던/ 쓰라리고 진저리를 치던 모습보다 어찌나 더 사랑스럽게 보이는지 모르겠네."(Is sweeter far than was thy parting hence/ Bitter and irksome to my sobbing heart.)(2.2.57-8) 라고 말하다. 그 재회는 서로의 고뇌를 보상한다. 개비스톤과 에드워드는 귀족들을 추방한다. 왕은 개비스톤에게 그들을 추방하는 데 목소리를 내도록 한다. 에드워드는 개비스톤만 있으면 귀족들이 없어도 된다고 생각한다. 서로에 대한 사랑으로 인해 그들은 영국의 동료들을 재구성하도록 하는 데 동기를 부여받는다. 돌아온 개비스톤은 "출생이나 뽐내는 천박하고, 우둔한 귀족 나리들"(Base, leaden earls)(2.2.73)이라며 성적 소수자들의 억압에 대한 귀족들의 연대의식에 비난한다. 그들의 재회는 잠시일 뿐 2막 3

장에서 개비스톤은 체포되지만 도망가게 된다. 결국 2막 5장에서 워릭(Waric)은 에드워드를 "개비스톤으로 인해 국사를 돌보는 일을 등한히 하고,/ 자기편 귀족들을 이렇게 궁지에 몰아넣은"(He that the care of real remits,/ And drives his nobles to these exigents/ For Gaveston)(2.5.59-61) 인물로 그의 정체성을 정의 내린다.

말로의 많은 주인공들처럼 에드워드는 자유를 추구한다. 부왕의 명령을 거부하는 행동은 기존 질서의 반박이며 새로운 주체성을 지도하려는 시도를 공포하는 것으로 보인다. 나무의 논리에 대한 권리로부터 나오는 통치에서 자유롭다. 귀족들은 에드워드의 행위를 부자연스러운 것으로 정의 내린다. 귀족들과의 전투 선전포고라든가(3.3.32) 반역 귀족을 사형시키는 행동을 "인륜을 거스르는 국왕 같으니, 귀족들을 살육하고/ 아첨꾼들이나 싸고돌다니"(unnatural king, to slaughter noble men/ And cherish flatters)(4.1.8-9)라고 평가한다.

에드워드의 탈주선은 책략으로 자기 의식적으로 이끌린 지도와 조우한다. 그는 그의 의지를 부자연스러움 혹은 인위적인 것으로 수용함으로써 'unnatural'로 표현하는 데 반응한다. "쓸데없는 마상 시합, 가면극, 음탕한 연극,/ 그리고 개비스톤에게 하사한 지나친 선물들"(The idle triumphs, masks, lascivious shows,/ And prodigal gifts bestowed on Gaveston)(2.2.156-57)은 에드워드가 개비스톤의 무대에 후원한 내용이다. 모오티머는 에드워드의 'un-naturalness'를 더 상세히 설명한다(2.2.181-86).

'unnatural' 단어는 말로의 극 중 『에드워드 2세』에서만 나온다. 자연적인 세계가 에드워드에게 거부될 때 그는 새롭고 대안적인 정체성을 구축하는 요인을 인위적인 세계에서 모색한다. 이 정체성은 또한 자연스럽고 위계질서적인 세계에 새겨진 고정성에 대한 반작용이기도 하다. 탈주선에 대한 추구에서, 에드워드는 무대지시 오프닝에서 유동적인 정체성을 만들어낸다. 4막 5장 첫 장면인 "에드워드 왕, 발독 등장, 아들 스펜서는 무대 위에서 날아다니듯 돌아다닌다"(Enter the King, Baldock, and Spencer Junior, flying about the stage.)이다. 이 장면은 에드워드가 신하들 자리 사이에서 이동하며 체포를 피하려는 속도가 전달되는 표현적 장면을 제시한다.

리좀은 수평적으로 뻗어가는 중간자이며 이것은 예상 못 하는 방식으로 연결된다. '수행'이란 표현으로 들뢰즈와 가타리는 장애(막힘)를 탈주선으로 바꾸는 것을 의미한다. 리좀 체계 내의 선은 이전에 연결이 없던 길도 서로 연결하면서 또 다른 선을 구성한다. 에드워드의 리좀의 일부인 탈주의 선으로 연결 접속된 두 남성 간의 애정, 즉 에드워드의 동성애자 되기는 결국 불에 달군 쇠꼬챙이를 항문에 집어넣어 죽게 되는 가혹한 벌을 받게 만든다. 하지만 에드워드의 "비록 에드워드는 죽더라도 그 이름만은 길이 살아남게 하라"(Edward's name survive, though Edward dies)(5.1.48)는 바람대로 그의 이름은 새로운 탈주선으로 나아가게 된다.

필자는 말로의 에드워드의 주체성이라는 층으로부터 탈주

한 선들이 탈영토화 해 현대의 퀴어라는 또 다른 재영토화 원리에 적용되었다고 본다. 그래서 다음 장에서는 말로 극을 영화로 각색한 자먼의 <에드워드 2세>를 중심으로 자먼이 근대 초기의 억압에 대한 동성애를 어떻게 인식하고 계승해 재현하는가를 고찰하고, 더불어 그것의 의의를 되짚어 보고자 한다.

자면의 특성인 퀴어로 향한 현대 자코비안 스타일의 발전은 1970년과 1980년에서의 자면이 저술한 일련의 일기라든가 스크립트 자료 등을 포함한 여러 편의 텍스트를 통해 알 수 있다. 또한 그의 영화를 통해서도 알 수 있다. <쥬빌리>(*Jubilee*)(1977), <템페스트>(*The Tempest*)(1979), <천사의 대화>(*The Angelic Conversation*)(1985) 그리고 <카라바지오>(*Caravaggio*)(1986) 등의 영화에서 자면은 엘리자베스 시대에서 현재의 기표를 포함하는 동시에 현재에서 과거의 기표를 포함시키는 작업을 하게 된다(Wymer, 58).

현재의 렌즈를 통해 과거에 접근하는 자면의 감각은 특히 <에드워드 2세>에서 많은 의미를 띤다. 자면은 말로의 『에드워드 2세』를 읽고 난 후 에드워드(Steven Waddington)와 개비스톤(Andrew Tiernan)의 동성애적인 면이 부정되어 온 오랜 전통이 있었으며, 에드워드와 개비스톤 간의 전반적인 중심의 관계가 현재의 동성애 억압 법률인 28항 등에 의해서 벌어지고 있는 일을 반영했던 점 때문에 이 영화를 만들게 되었다고 밝힌다. 또한 셰익스피어에 비해 말로가 더 급진적이라고 밝힌다(122). 말로의 텍스트는 자먼의 퀴어 경험과 상호 연관성에 대한 아이디어를 탐구하는 새로운 장을 제공한다.

영화는 우선 사형을 기다리며 토굴 안에 있는 에드워드의 관점에서부터 내레이션이 시작한다. 이러한 구조에 대해 실버스톤은 "이는 트라우마의 플래시 역할로서 여기에서 현재의 트라우마는 아직 일어나지 않은 일이 발생했던 것으로 상상하게 되는 근거로 기능한다"(a traumatic flash forward in relation to the time of its writing, where trauma in the present is the ground upon which that which has not yet happened is imagined as having happened)고 묘사한다(85). 토굴 안에서 에드워드는 지나온 모든 사건을 플래시백 방식으로 현재와 과거를 오간다. 현재엔 그를 감시하는 라이트본과 함께 에드워드는 간간이 대화를 나누며 있다.

이러한 구조를 실버스톤은 "예견적 트라우마의 반응"(proleptic traumatic response)이라 부르며 근대 초기의 과거와 현재의 정치성이 영속적인 소외와 억압적인 사실과 부합해 미래를 투영시키게 된다는 도전적인 주제로 정의 내린다(85). 자먼은 말로 극의 마지막 부분을 첫 장면으로 설정함으로써, 영화의 주제가 되는 성적 규범의 위반을 서사 형식으로 바꾸게 된다(Aebischer, *Jacobean* 46). 대본의 '(예견적)트라우마의 반응'은 말로의 400년 역사를 지닌 극이, 현재의 정치적 갈등으로 제기했던 문제에 답을 소급적으로 적용시켜 주객전도 된 트라우마의 반응으로 변형된 구성임을 알려준다. 영화의 관점은 에드워드, 자먼 그리고 1980년대의 좀 더 넓은 의미의 동성애 집단 모두를 아우르게 된다.

자먼은 영화에서 에드워드와 개비스톤 간의 사랑을 더 발전시킨다. 특히 에드워드를 향한 왕비 이사벨라(Tilda Swinton)와 개비스톤(Andrew Tiernan) 간의 질투심이 그들의 애정의 깊이를 반증하며 극명하게 표현된다. 여왕은 에드워드로부터 사랑을 받지 못해 처음엔 동정을 받지만 점점 더 사악한 모습으로 변화한다. 이를테면 에드워드의 동생인 켄트의 목을 물어뜯어 죽이는 장면에서는 흡혈귀의 모습으로 비친다. 남편인 에드워드에 대한 이사벨라의 욕망과 복수심은 모오티머와의 결탁으로 반-게이 정책을 펴 그들을 억압하거나 살해까지 한다. 이때 이사벨라의 모습은 당시 지방 정부 법 조항 섹션 28로 이어져 동성애 금지를 시행했던 마거릿 대처의 모습을 연상시키며 반게이 피켓을 들고 저항하는 이들은 아웃레이지 단체를 연상시킨다. 이사벨라와 모오티머와의 이성애적인 정사 장면에서 이사벨라의 침실은 차가운 불빛으로 처리된다. 모오티머는 창녀들에게 가학적인 학대를 가하는 모습까지 보인다. 이러한 설정에는 자먼이 동성애가 비난을 받아왔던 대로 이성애를 비난받도록 하는 데 목적을 두었다(Chedgzoy, 208).

이와는 달리, 에드워드와 개비스톤의 동성애 장면은 따뜻한 오렌지 불빛에서 서로 껴안고 있는 정서적으로 안정적인 이미지를 연출한다. 이러한 이미지의 연출과 더불어 자먼은 에드워드 2세에 대한 자신의 생각을 자신의 정치적인 활동이나 오늘날의 영국 문화와 억압적인 정치적 논쟁으로까지 확장시켜 그러한 문제의식에 대한 이해를 가능하게 해준다. 마거릿 대처와 그의 후임자인 존 메이어(John Major, 1990‐97)로 대표되는 영국 보수당의 파시스트와도 같은 정권은 지방 정부 법 조항 섹션 28 아래 동성애, 에이즈 환자, 간통한 아내들, 노동당 지지자들 그리고 무엇보다도 말로의 금지된 에드워드 2세의 공연에 대한 엄격한 처벌에 목표를 두었는데(Aebischer, *Screening* 36), 결국 자먼은 이러한 문제 인식을 고발하며 비판하게 된다.

영화 속의 카메라는 역사를 통해 의견을 달리하는 욕망의 제도화된 억압을 노출하는 퀴어의 다양한 잠재성을 보게 하며 또한 동성애 공포의 역사에 대한 그리고 이러한 역사에 대한 집단적 행동(아웃레이지 단체)을 목격하면서 추적한다. 자먼은 슈퍼-8(Super-8)과 비디오 화면을 결합 사용했다. 에드워드를 지지하는 이성애 반대자들의 모습도 보인다.

자먼은 '진실'의 다양성을 보여주기 위해 이분법적인 대립의 양상에 중점을 둔다. 극에서 랭카스터가 말했던 "상황이 어찌 됐건 모순이 진실일 수 없소."(In no respect can contraries be true)(1.4.249)라며 추방된 개비스톤을 다시 불러들이자는 모오티머의 요구에 이렇듯 주장하던 그 이분법적인 논리에서 나온 '진실'의 주제가 자먼의 영화에서는 경계가 흐려진다.

전통적인 정상과 비정상으로 대표되던 성적 규범을 강조하던 이분법적인 논리를 거부하는 데서, 자먼은 말로의 비극을 구성하는 상반적인 견해에 역동적인 긴장감을 구도로 잡는다. 다양한 '진실'을 추구하겠다는 것이다. 뮤리엘 브래드브룩(Muriel Bradbrook)이 지적했듯이 말로 극에는 한 인물의 대사가 다른 인물의 응답으로 수정되는, 즉 한 인물의 대사를 다른 인물이 다른 단어로 바꾸어서 대꾸하는 대화 형식이 많다(93).[4] 이를테면 에드워드의 "저 반역자 모오티머를 잡아라!"(Lay hands on that traitor Mortimer!)(1.4.20)와 모오티머의 "저 반역자 개비스톤을 잡아라!"(Lay hands that traitor Gaveston!)(1.4.21)에서 보듯이 반역자의 정의는 모호하다. 이러한 대화의 방식은 자먼의 영화에서도 활용되고 특징을 이룬다.

이사벨라와 개비스턴과의 대화에서도 '전하'에 대한 정의는 두 가지로 병치되는데 그 단어는 개비스톤의 성과 이사벨라의 권력 추구가 줄곧 미해결의 상태로 남아 있음을 암시한다. "[개비스턴에게] 악당 놈, 내게서 전하를 빼앗아간 것은 바로 네 놈이다."([to Gaveston] Villain, 'tis thou that robst me of my lord.)라는 이사벨라의 말에 개비스톤은 "왕비마마, 제게서 전하를 훔쳐 간 분이야말로 바로 마마이십니다."(Madam, tis' you that rob me of my lord.)(sequence 23)라고 응수를 한다. 이러한 상반적인 견해는 자먼이 영화를 통해서 부정하고자 하는 그의 사고를 대변한다고 볼 수 있다.

---

4) 이러한 대화의 형식은 브래드브룩 외 여러 비평가들도 언급하고 있다.

대립적인 논리에선 진실이 나올 수 없다는 주장은 더 나아가 조건의 문장을 통해서 진실이 다양하게 나올 수 있는 가능성에까지 확장된다. 가령, 귀족들과 함께 온 숙부 모오티머가 개비스톤을 추방시키라는 조언에 "내가 왕이면, 한 놈도 살아남지 못하리라."(If I be king, not one of them shall live.)(sequence 32A)고 에드워드가 한 말, 그리고 개비스톤을 살해한 자들에게 분노의 말을 하는 곳에선, "만일 과인이 잉글랜드의 왕이라면, 피의 연못에서"(If I be England's king, in lakes of gore)(sequence 57)라고 한다. 'if'를 사용해서 두 가지의 현실이 존재함을, 그리고 그 반대의 상황도 가능함을 암시한다. 다음은 에드워드를 능멸하는 귀족들에게 "하지만 내 살아남기만 하면"(But, if I live)(sequence 45), 그리고 아일랜드로의 도피에 실패한 에드워드는 "설령 내가 살아남더라도"(Or if I live, let me forget myself)(sequence 82)라는 말을 하는데, 여기서도 또한 그 반대의 상황이 일어날 가능성을 에드워드가 계속해서 주장하고 있음을 보여준다. 결국 절대적인 진실은 있을 수 없음을 주장하는 듯하다. 이러한 자면의 주장은 에드워드가 절대적(수목형) 논리를 수용하지 않는 인물이라는 내용과 일맥상통한다.

자면이 이분법적인 성의 논리에 희생된 주인공을 중심에 두고서 영화에서 도전한 가장 분명한 방식은 말로 극의 마지막 장면을 따르지 않고 라이트본이 불에 달군 꼬챙이를 버리고 에드워드에게 키스를 하는 장면으로 처리한 것이다. 이에 대해 콜린 맥케이브(Colin MacCabe)는 이 키스로 인해 동성애와 그에 따른 폭력의 역사가 무효가 되면서, 새로운 역사를 가능하게 한다고 해석한다(153).

자신이 불에 달군 꼬챙이에 찔려서 고통스럽게 죽는 꿈을 꾼 후 에드워드는 라이트본에게 "네 표정을 보건대 과인을 죽일 생각만 하고 있는 게 분명하구나./ 네 이마에 과인의 비극이 적혀 있는 것처럼 보인다."(These looks of thine can harbour nought but death./ I see my tragedy written in thy brows.)(sequence 79)라며 자신의 죽음을 예상한다. 이 대사는 관객들의 마음에 슬픈 동요가 일어나게 한다. 에드워드가 자신의 죽음을 꿈에서 미리 보고 두려워하고 있었으며 깨어난 후의 모습이 꿈에서의 인물들이나 조명과는 공간적으로 구성이 어울리지 않아서다. 더 나아가 라이트본이 에드워드에게 키스를 하던 영화에서의 행복한 결론은 극에서의 비극적인 결론을 대신하기보다는 오히려 각 장면의 대안이 타자의 관점에서 꿈으로 읽힐 수도 있다. 영화의 각 장면은 관객에게 '진실'과 가능성이 없는 의미로 제시될 수 있지만, 상반된 장면의 개념은 진실이 될 수도 있다(Aebischer, *Screening* 52).

진실과 불가능성에 관한 해석은 에드워드 살해 장면에서 오렌지색과 붉은색 조명을 통해 공포의 순간을 사랑과 희망의 것으로 읽게 하는 방식에도 적용된다. 자면의 주장에 따르면 라이트본이 손에 들고 있던 손등의 오렌지색의 빛을 지하에서 웅크린 채 누워 있던 에드워드에게 비춰주는 행위는 온기와

위안을 상징하는 것이다(*Smiling* 387). 에드워드를 위한 오렌지색의 조명은 개비스톤이 이후에 추방되기 전에 두 사람이 친밀하게 있던 장면에서도 비친다. 꿈에서 에드워드를 살해하는 동안, 지하의 난로에서 이글거리며 타고 있는 장작더미에서 올라오는 붉은 불꽃은 지옥 같은 곳의 분위기를 자아내면서도 편안한 감정도 느끼게 한다. 결국 이러한 분위기는 꿈을 깬 후 라이트본의 키스로 에로틱한 분위기로 바뀐다. 이어서 카메라는 게이 반대운동의 참가자들의 모습을 비춘다. 이러한 해피엔딩으로 자먼은 사회적, 정치적 억압으로부터 나온 동성애자들의 슬픔과 분노에 보상을 해주는 듯하다. 영화를 통해 박해를 받았던 말로의 개비스톤과 에드워드의 사랑이, 단순한 육체적 쾌락으로밖에 여겨지지 않던 동성애자의 욕망이 아니라 이성애자들의 낭만적 사랑 못지않게 애절했음을 관객은 확인했다. 자먼은 이성애적 질서로부터 탈주로서의 동성애에 새로운 역사를 기록하게 된다. 자먼은 더 나아가 에드워드 3세의 모호한 성 정체성의 문제에까지 탈영토화 한다.

4

어린 에드워드 3세의 성 정체성의 문제는 여러 장면에서 가시화된다. 영화의 전반부에서도 그의 성적 정체성에 의문이 가는 행동을 간간이 볼 수 있었지만 마지막 장면에서 어린 에드워드는 귀걸이, 여성 구두를 착용하며 화장을 한다. 어린 에드워드는 이사벨라와 모오티머가 갇힌 큰 우리 위에서 차이코프스키의 'Dance of the Sugar Plum Fairy' 음악에 맞춰 놀고 있다. 말로 극에선 공모 죄로 이사벨라를 런던탑에 유폐시키고 모오티머는 참수시킨 다음 그의 수급을 부왕의 장례식에 바쳐 애도를 표했던 가부장제 왕의 모습을 보인다. 영화에서의 성적, 정치적 전투의 결과는 어린 에드워드를 위한 것이라해도 과언이 아닌 듯하다. 어린 애드워드는 중요한 인물이다. 규범적으로 이성애자인 어머니와 규범에 벗어난 동성애자인 아버지를 두었으며 그의 행동에 관객들의 반응은 복잡할 듯하다. 영화를 통해 어린 에드워드의 성별 전위행위에서의 질문이나 인식, 그리고 실험은 형성 진행의 단계에 놓인 그의 주체와 성을 대변해 준다(Cartelli, 220).

어린 에드워드는 어머니의 챙 넓은 모자를 쓰기도 하는데 그의 모습은 매우 여성스러워 보인다. 파슨즈(Alexandra Parsons)의 말에 따르면 이런 에드워드의 모습은 어린 시절 우리의 퀴어 모습을 상기시키고 향수에 젖게 하려는 자먼의 의도이며 이성애적 정책에 맞서는 데 어린 왕자를 상징적으로 사용했다고 한다(419). 마지막 장면에서 어린 왕자가 정장을 입은 데다 립스틱을 바르고 귀고리를 착용한 것을 두고, 파슨즈는 왕자가 남성적, 여성적 모습을 혼용했으며 이는 퀴어의 선택적 변화라고 주장한다(420). 파슨즈 외 애비셔도 또한 왕자의 이러한 외모를 "과감한 복장 도착"(transgressive cross-dressing)이라 표현하며 동성애자인 아버지와 이성애자인 어머니로부터 영향을 받은 게 틀림없다고 주장한다(Screening 54).

어린 왕자가 최종적으로 도착적인 모습을 보이기 전 왕자는 기이한 장면을 목도한다. 영화에서 모오티머와 그의 동료들이 개비스턴의 추방에 대한 서류에 사인을 한 후, 밝은 흰색 조명이 어두운 화면을 가른다. 그 조명은 좌우로 왔다 갔다 하고선 어린 에드워드의 손에 든 손전등의 빛줄기가 된다. 그는 어둠에서 나와 카메라를 향해 천천히 그리고 머뭇거리며 걸어간다. 그의 움직임은 부드럽지만 지속되는 북소리, 멀리서 들리는 동물의 울음소리나 현악기와 구별이 되지 않는 소음과 동반된다. 그 카메라는 흙바닥에 지붕이 없는 돌벽으로 된 공간에 희미한 조명을 비춘다. 그곳에서 나체의 남성들 몇이 앞으로 걸어 나온다. 그들의 얼굴은 볼 수 없으며 그들은 서로서로 럭비선수들의 자세로 상대편의 허리를 차례차례 팔로 감싸고 있다.

어린 에드워드는 눈을 크게 뜨고 놀란 표정으로 그들을 향해 간다. 허터의 주장대로 이 남성들의 장면은 극의 플롯에 분명한 역할은 하지 않는 듯하며 서사 안으로 어떻게 들어가게 되었는지도 분명하지 않다. 그것은 영화의 초반에 나온 춤추던 남성들과 마찬가지로 왕과 개비스톤을 위한 에로틱한 행위들 중 하나로 읽힐 수 있다. 하지만 왕과 개비스톤은 그 장면에 있지 않다. 그것은 단지 어린 왕자를 위한 공연인 듯하다. 어린 왕자를 위해 그들이 어둠 속에서 마술을 부려서 나온 것 같다. 이 장면에 담긴 퀴어의 힘은 전체적인 해석에선 어울리지 않은 듯하다. 이러한 점은 자먼의 영화에서 특별한 것이 아니다. 이 남성들이 다수의 퀴어의 몸을 형상한 것으로 읽히며 몸의 역사를 영화가 이야기하고 있음으로 해석한다(403). 파슨즈의 표현대로 "시간을 초월한 퀴어의 계보"(a queer lineage across time)를 묘사한다(421). 관객과 어린 왕자는 그들의 맨몸을 본다. 플래시 등의 불빛을 통해 그들은 원을 만들 때 빛과 어둠 사이에서 물러나고 전진한다. 개별적인 몸이 그룹으로 뭉치면서 그들은 밝은 조명과 어두운 그림자 사이, 현재의 지금과 여기 그리고 미래와 과거의 그때와 저기 사이에 있는 "경계 공간"(liminal space)을 차지한다(Hutter, 403).

이 장면에 대해 특히 자먼은 다음과 같이 자신의 견해를 밝힌다. "오랜 친구였던 필립과 팀, 그리고 홀과 함께 했던 성이나 스포츠 행위… 어둠에서 나온 그 남자들이 자신에게 유령을 생각나게 하며 자신의 죽은 친구들이 자신에게 출몰한 것이다."(Old friends Philip and Tim put their heads down. Steve Clark Hall(producer) got it going red and green sides, a Roman chariot race, sex and sport. Boxing and rugby, Australian rules football, all faggot pursuits, locker room stuff. The boys emerging from the shadows reminded me of ghosts come to haunt me, all my dead friends.)(*Queer* 52) 자먼 스스가 밝힌 친구들의 이야기를 보더라도 자먼은 억압된 과거의 동성애 서사는 역사를 가지고 있으며 이는 연속적으로 나아간다는 것을 보여주는 듯하다.

역사의 연속성을 기반으로 한 <에드워드 2세>는 자먼의 저항을 통해 계속 의미를 가진다. 허터는 프리맨이 언급했듯이 과거, 현재 그리고 미래가 애매모호한 관계로 공존해 가는, 즉 역사적인 관계의 방식으로 이 영화는 만들어진다고 밝힌다 (404 재인용). 과거 동성애 망령은 시간을 초월해 자먼의 영화에 여기저기 출몰한다. 남성의 나신 재현과 더불어 조명과 움직임의 매체를 이용해 자먼은 영화 안에 또 다른 에로틱한 역사의 가능성을 촬영한다. 조명은 이미지, 그리고 이러한 이미지들의 시퀀스를 만들고, 움직임의 환상을 만든다. 결국 영화를 정의하는 셈이다. 왕자 에드워드가 쥔 손전등은 영사기처럼 원을 만드는 남성들의 몸짓에 빛을 쏜다(Hutter, 404).

왕자 에드워드는 자면의 역할을 대신하는 듯하다.

이 장면에서 왕자 에드워드는 의미심장한 인물이 된다. 허터의 설명대로 그는 관객이며, 이 낯선 영화의 의미를 보충하면서, 에로틱한 결합으로 몸들 사이에 고착된 응시로 이러한 유령들을 마주한다. 기억으로부터 나와 그에게 출몰한 이러한 유령을 발견한 것은 자면일 것이다. 이 장면에서 왕자는 놀란 얼굴을 한다. 아마 인식의 표정, 이러한 나신의 유령에게 끌린 자신의 존재에 대한 인식일 것이다. 허터는 에이버리 고든(Avery Gordon)이 그 유령이 단순히 죽은 이의 것이라기보다는 사회적인 인물로 정의 내리고, 그것이 역사와 주체가 사회적 삶을 가능하게 하는 그 밀집된 장소로 이끈다고 밝힌 내용(재인용 404)을 언급하며, 왕자 에드워드는 유령의 출몰에 동성애 집단을 역사적으로 목도하게 되며, 어린 아이인 자신의 성 정체성의 원형적 인물들과 조우하게 된다. 파슨즈의 표현대로 어린 왕자는 어린아이로서의 자면 자신을 재현해 놓은 것에 다름 아니다(420).

왕자 에드워드의 성 정체성에 의문이 가는 장면을 더 살펴보자면, 이사벨라가 에드워드의 동생인 켄트의 목을 물어뜯어 죽이는 데서이다.[5] 이를 지켜보던 왕자 에드워드의 외모는 이미 앞에서 설명했던 대로 귀걸이와 턱시도 착용이다. "과감한 복장 도착"으로 해석이 되거나 남성적, 여성적 옷의 혼용 상태라고도 할 수 있다. 왕자가 보는 앞에서 왕비 이사벨라는 잔인

---

[5] 이 장면에 대한 필자의 스토리 설명은 허터 혹은 그 외 자료에서의 내용과 교차됨을 밝힌다.

하게 켄트의 목을 물어뜯어 죽이고 모오티머와 함께 그 자리를 떠난다. 약간 긴장된 왕자 에드워드는 켄트에게 다가가서 그의 몸을 흔들어 본다. 그런 다음 켄트의 목에 손가락을 갖다 대고 그의 피를 묻혀 자신의 입으로 그 손가락을 집어넣고 빨아 먹는다. 계속해서 그를 응시한다. 허터의 설명대로 켄트는 극이나 영화에서 그 어떤 권력구조 안에 수월하게 포함되지 않았으며, 에드워드 왕과 모오티머의 무리 사이에서 고문관의 역할로서 왔다 갔다 했을 뿐이다. 그는 어느 쪽에도 소속되는 것을 거부했다. 지속적인 동맹이 없었기에 그는 죽음에 이르게 된다. 켄트의 존재적 의미를 해석하자면 그는 퀴어도 아니고 퀴어가 아닌 것도 아니다. 역설적으로 그는 다양한 공간에 거주한다(407). 이와 관련해 "왕자 에드워드가 켄트를 만진 것과 삼촌의 피를 먹었다는 것은 현재에 코드화된 퀴어의 내세로 향한 잠재성과 몸짓을 결정체 한다"(It is Prince Edward's touch and consumption of his uncle's blood that crystallizes this potentiality and gestures toward a queer afterlife encoded in the present)(Huttner, 407).

결정체(crystal)의 용어는 들뢰즈의 것으로, 그의 크리스털, 즉 결정체는 다면체라는 사실보다는 다각의 결정면들의 동시성, 즉 이질적인 것들의 동시성을 의미한다. 결정체-이미지는 거울-이미지에서 잘 보인다. 거울-이미지는 거울에 반사된 이미지를 의미한다. 거울 앞에 있던 대상이 거울에 반사되어 나타난 이미지가 거울-이미지인 것이다. 여기에서 결정체-이미지의 구성요소로 잠재태(the virtual)와 현실태(the actual) 개념이 나오게 된다. 그의 설명에 따르면 거울 앞에 있던 대상에 대한 지각은 현실태이며 거울에 비친 이미지는 잠재태이다. 시간의 관점에서 보면 현실태는 지나가는 현재의 지각이며 잠재태는 이미 지나간 현재, 즉 과거가 된 기억이다(*Cinema* 68-82).

일반적으로 현재가 먼저 오고 과거는 현재가 지난 후에 나중에 오는 것으로 이해한다. 그러나 들뢰즈에 의하면 과거는 현재로부터 멀리 떨어져 있지 않다. 지나가는 현재는 동시에 과거가 된다. 그리고 지나가는 현재는 동시에 미래를 향한다. 따라서 과거, 현재, 미래는 따로따로 연대기적으로 오는 것이 아니라 동시에 온다. 이와 같은 비연대기적 시간 개념은 들뢰즈가 베르그송(Henri Bergson)으로부터 빌려온 것이다. 거울-이미지에 관련하여 말하자면 거울-이미지의 잠재태와 현실태는 따라서 동시적인 것이다. 이렇게 과거와 현재, 잠재태와 현실태를 동시에 보여주는 것이 결정체-이미지이다. 그러므로 왕자 에드워드의 행위를 다시 한번 설명해 보자면, 그는 삼촌의 신체 내부와 접촉함으로써 과거, 현재의 이미지를 결정체 해주고 미래로 향하는 시간을 경험한다. 왕자 에드워드는 다각의 결정면들 중의 한 면으로서 역사와 성적 지식 모두의 전달자인 셈이다.

'현대 자코비안 텍스트'(contemporary Jacobean text)(Bennett, 93)라는 표현대로 현대와 자코비안이란 두 단어의 결합은 자먼에게 영화를 통한 억압에 대한 저항의 미학을 제공하게 된다. 말로의 자코비안적 드라마인 『에드워드 2세』에 재현된 에드워드 2세의 성 정체성에 대한 해석은 현대의 자먼에게 현대적 대안의 비전과 해석을 제시함은 물론이고 새로운 패러다임이 만들어지는 공간을 제시한다. 이 연구에서는 '동성애'의 단어가 동성 간의 욕망 주변으로 형성된 정체성의 개념이 출현하기 시작하면서 형성되었음을 전제로 『에드워드 2세』에서 에드워드와 개비스톤의 애정과 감정적 연대를 엿볼 수 있었다. 그의 정체성이 동성 간의 욕망과 사랑을 통해 강조되며 에드워드의 동성애자 되기는 이미 생성되고 있었음을 암시받을 수 있다.

귀족의 식물형 위계질서의 관점에서 에드워드의 존재에 대한 본뜨기를 추구하려는 신하들의 사고체계와는 달리, 에드워드는 새롭게 접속하고 무한 창조의 가능성을 지닌 리좀의 생성체계의 방식을 취한다. 에드워드는 리좀의 일부인 탈주의 선으로 다른 다양체들과 연결 접속한다. 그는 새로운 가지를 이접함으로써 나무형 논리를 전복한다. 개비스톤과의 세 번의 이별과 두 번의 재회를 겪게 되는 연결 접속의 과정으로 에드워드는 되기-주체를 지향한다. 에드워드는 장애(막힘)를 탈주선으로 바꾸는 수행에도 불구하고 혹독한 벌로 죽게 된다.

그의 죽음에도 불구하고 에드워드의 주체성은 층으로부터 탈주한 선들이 탈영토화 해 현대의 퀴어라는 또 다른 재영토화 원리에 적용된다. 말로 극을 영화로 각색한 자먼의 <에드워드 2세>를 통해 근대 초기의 동성애 억압이라는 문제는 현재에까지 계승되고 자먼의 퀴어 경험과 상호 연관성에 대한 아이디어를 탐구하는 새로운 장이 제공된다. 자먼은 말로 극의 마지막 부분을 첫 장면으로 설정함으로써, 과거의 에드워드의 문제에 연속성을 부여한다. 영화에서는 에드워드의 동성애가 비난을 받았던 대로 이성애가 비난받도록 하는 데 주력한 듯하다. 자먼은 또한 이분법적인 대립의 양상에 중점을 두면서 다양한 진실을 관객에게 보여주고자 한다. 절대적인 진실은 있을 수 없음을 주장하는 듯하다. 자먼이 이분법적인 성의 논리에 희생된 주인공에 무게를 두고 도전한 영화 미학은 말로 극에서와는 달리 라이트본이 불에 달군 꼬챙이를 버리고 에드워드에게 키스하는 장면으로 마지막 장면을 처리한 것이다.

이렇게 자먼은 이성애적 질서로부터 동성애로까지의 탈주에 대한 새로운 역사를 기록함은 물론이거니와 에드워드 3세의 모호한 성 정체성의 문제에로까지 탈영토화 한다. 영화에 서는 귀걸이와 여성 구두를 착용하거나 화장을 하는 행동으로 인해 에드워드 3세의 성적 정체성에 의문이 가는 부분이 많 다. 조명과 움직임의 매체 이용이라든가 나신의 남성들의 무 리와 그들의 행위를 목격하도록 한 설정은 왕자로 하여금 과 거의 역사를 마주하게 하는 데 그 목적이 있다. 결국 에드워 드 3세는 삼촌인 켄트의 신체 내부와 접촉함으로써 과거, 현 재의 이미지를 결정체 해주고 미래로 향하는 시간을 경험하는 자, 즉 다각의 결정면들 중의 한 면으로서 역사와 성적 지식 을 전달하는 성 정체성을 띤 인물로 해석된다. 이렇듯 말로의 자코비안 극은 이분법적인 성의 기존 체제에 저항정신을 불러 일으켜 21세기에까지 탈영토화 되는 진가를 보인다. 자먼은 이러한 포스트모던한 특성을 지닌 자코비안 극의 특성을 잘 활용해 성의 정치적인 억압에 당당히 맞서는 저항정신을 이어 간다. 이러한 연구 과정에서 필자는 자코비안 극으로 대표되 는 『에드워드 2세』가 과거에 머물지 않고 현재를 위한 극임을 반증하고, 극에 대한 새로운 사유의 지평을 열어주는 데 의의 가 있다고 본다. 이는 곧 영문학의 외연 확장이 지향하는 바 라 믿는다.

인용 문헌

강석주. 「『에드워드 2세』 - 동성애와 정치적 욕망」. 『영어영문학 21』
　　29.4 (2016): 5-32.

김성환. 「말로의 『에드워드 2세』 나타난 제국주의 담론: 성, 계급, 정치」.
　　『고전르네상스 영문학』 20.1 (2011): 121-148.

_____. 크리스토퍼 말로, 김성환 역, 『에드워드 2세』. 도서출판 동인,
　　2010.

Aebischer, Pascale. *Jacobean Drama: A Reader's Guide to Essential
　　Criticism.* Basingstroke: Palgrave, 2010.

_____. *Screening Early Modern Drama Beyond Shakespeare.* Cambridge
　　UP, 2013.

Bennett, Susan. *Performing Nostalgia: Shifting Shakespeare and the
　　Contemporary Past.* Routledge, 1996.

Bradbrook, M. C. *Themes and Conventions of Elizabethan Tragedy.* Ed.
　　Cambridge UP, 1980.

Cartelli, Thomas. "*Queer Edward Ⅱ*: Postmodern Sexuality and the Early
　　Modern Subject." *Marlowe, history, and Sexuality: New Critical
　　Essays on Christopher Marlowe.* Ed. Paul W. White. AMS Press,
　　1998, pp.213-23.

Chedgzoy, Kate. *Shakespeare's Queer Children: Sexual Politics and
　　Contemporary Culture.* Manchester UP, 1995.

Delueze, Gilles and Felix Guattari. *A Thousand Plateaus: Capitalism and
　　Schizophrenia,* Trans. Brian Massumi. U of Minnesota P, 1980.

_____. *Cinema Two: The Time-Image.* Trans. Hugh Tomlinson and
　　Robert Galeta. Minneapolis, U of Minnesota P, 1989.

Edward Ⅱ. Dir. Derek Jarman. Accessed 1 December 2017.

<https://www.youtube. com/watch?v=bJv6ncLqYrU>

Holinshed, Raphael *The First volume of the Chronicles of England, Scotland and Ireland*. Ed. Vernon F. Snow. New York: AMS, 1965.

Hutter, Lee Benjamin. "Body Positive: The Vibrant Present of Derek Jarman's *Edward II* (1991)." *Shakespeare Bulletin*. 32.3 (2014): 393-412.

Jarman, Derek. *Queer Edward II*. London: BFI, 1991.

———. *Smiling in Slow Motion. 2000*. Minneapolis MN: U of Minnesota P, 2011.

Kuriyama, Constance Brown. *Hammer or Anvil: Psychological Patterns in Christopher Marlowe's Plays*. New Brunswick, NJ: Rutgers UP, 1980.

Lee, Michael John. *Adapting Edward II: Eight Representations of Early Modern Sexuality*. Published thesis, Idaho State U, 2012.

MacCabe, Colin. 'A Post-National European Cinema: A Consideration of Derek Jarman's *The Tempest and Edward II*', *Shakespeare on Film*. Ed. Robert Shaughnessy. Palgrave Macmillan, 1998, 145-56.

Minton, Gretchen E. "The Revenger's Tragedy in 2002: Alex Cox's Punk Apocalypse." *Apocalyptic Shakespeare: Essays on Visions of Chaos and Revelation in Recent Film Adaptations*. Eds. Croteau and Carolyn Jess-Cooke. McFarland, 2009, 132-47.

Parsons Alexandra. "History, Activism, and the Queer Child in Derek Jarman's Queer Edward II (1991)"*Shakespeare Bulletin* 32.3 (2014): 413-428.

Silverstone, Catherine. *Shakespeare, Trauma and Contemporary Performance*. Routledge, 2011.

Smith, Anna Marie. 'The Imaginary Inclusion of the Assimilable "Good Homosexual": The British New Right's Representations of Sexuality and Race.' *Diacritics, 24*. 2-3, (1994): 58-70.

Wymer, Rowland. *Derek Jarman*. Manchester: Manchester UP, 2005.

제2장

『말피 공작부인』의
영화 각색과 전유

자코비안(Jacobean) 시대의 극인 존 웹스터(John Webster)의
『말피 공작부인』(*The Duchess of Malfi*)(1613-14)은 비평가들
사이에서 많은 논란을 일으켜 온 작품이다. 웹스터(1580-1634)
는 크리스토퍼 말로(Christopher Marlowe)와 더불어 자코비안의
특성인 극의 '과격성'으로 인해 자코비안 작가로 분류된다. 파스
칼 애비셔(Pascale Aebischer)는 자코비안이 "타락적이고 폭력적
이며 풍자적인 일탈"의 특성을 가지고 있음을 밝힌다(*Jacobean
Drama* 1). 이러한 자코비안의 특색은 『말피 공작부인』을 각색
한 마이크 피기스(Mike Figgis) 감독[1])의 영화 <호텔>(*Hotel*)
(2001)에서도 확인할 수 있다. 영화에 재현된 이러한 특징은
"현대 자코비안"(contemporary Jacobean)[2])으로 불리게 된다. 피
기스는 '자코비안적이고, 성적이며, 폭력적인'(Jacobean, sexy,

---

1) <라스베가스를 떠나며>(*Leaving Las Vegas*)(1995), <미스 줄리>(*Miss Julie*)(1999)와 같은
   영화로 유명세를 떨침.
2) Susan Bennett의 *Performing Nostalgia*에서 애비셔가 "contemporary Jacobean" 용어를 인
   용함.

and violent)『말피 공작부인』을 보고 자신의 영화제작에 영감을 얻어 이를 전-텍스트로 활용하게 된다. 현대적 특성이 근대 자코비안 시대에서 이미 발현되었다는 맥락에서, 말 앞에 마차가 있는 상황에 대한 표현인 "앞뒤가 전도된"(preposterous)[3]이라는 어휘를 사용하는데, 이는 자코비안을 위반적이고, 폭력적이며, 성적으로 반체제의 것을 의미한다. 즉 현대적인 의미를 가진 특징으로 이해하고 있다고 본다. 본 연구에서는 과거에 내재된 현재성의 특성을 부각시킬 수 있는 자코비안적 주제를 탐색해 영국 근대 초기 드라마를 현대적으로 전유할 수 있는 가능성에 초점을 두고자 한다.

웹스터의『말피 공작부인』은 피기스의 <호텔>에서 여러 서사에 영향을 미치며 새로운 해석으로 실험적으로 각색된다. 우선『말피 공작부인』의 줄거리는 다음과 같다. 큰 오라버니인 추기경(Cardinal)과 쌍둥이 오라버니인 퍼디난드(Ferdinand)가 미망인이자 공작부인인 여동생의 재혼을 반대하는 것과 말피 공작부인이 그들의 반대를 거역하고 신분이 낮은 안토니오(Antonio)와 비밀 결혼을 해 아이를 출산한 것에서부터 빚어지는 내적 갈등으로 시작된다. 두 오라버니들의 억압적인 재혼 반대가 있었으며 특히 퍼디난드는 보솔라(Bosola)를 돈으로 매수해 그가 공작부인의 일거수일투족을 염탐하도록 지시하고 그녀에게 악행을 저지르도록 한다. 공작부인의 비밀 결혼을 알아낸 퍼디난드의 분노로 공작부인은 고통을 받은 후

---

3) George Puttenham이 사용한 표현을 애비셔가 인용함.

교살당한다. 모든 학대의 과정을 지켜본 보솔라가 개과천선으로 두 오라버니들을 살해해 그녀의 죽음에 복수를 한다(조재희, 167). 전통적인 복수극으로 해석될 법한 이러한 플롯이 피기스의 <호텔>에서는 새롭게 해석이 된다. 피기스는 특히 웹스터의 극에서 가장 괴이하고 잔인하며 성적인 장면인 6장면에 집중한다고 자신의 필체로 기록해 두었다(*In the Dark* 158). 자코비안 극의 "가장 괴이한" 선택은 디지털 카메라라는 비전통적인 방식과 기술의 사용으로 보완된다. 이 외에도 피기스는 다양한 배우를 캐스팅하는 노하우를 발휘하게 된다.

본 연구에서는 피기스가 웹스터의 『말피 공작부인』에서 차용한 여러 주제를 실험한 내용을 바탕으로 해 현대적 자코비안적 특성을 분석할 계획이다. 포괄적으로 <호텔>에서는 웹스터 극에 암시되었던 여성의 성 억압과 식인문화(카니발리즘), 그리고 도플갱어의 주제가 영화에 재현된 방식을 분석하고자 한다. 첫째, 피기스의 주제 전달에 적합하고 실험적인 재현 방식인 화면병치 사용의 분석과 더불어, 영화 속 영화(말피)를 촬영하러 온 팀 사이에서 일어나는 갈등의 서사와, 영화(말피)에서 일어나는 말피 부인과 안토니오 등의 등장인물들을 중심으로 웹스터 극에 내재된 여성의 성적 억압과 성의 표현이 어떻게 촬영되는지도 살펴본다. 둘째, 웹스터 극에 내재된 식인 메타포 언급과 함께 영화 속의 호텔 직원의 서사에 이러한 극의 카니발리즘이 어떻게 연계되어 재현되는가도 분석하고자 한다. 셋째, 애비셔가 '공작부인의 효과'(*Screening* 92)라 지칭

한 맥락에서 웹스터의 저항적인 여주인공의 투쟁을 반영하는 공작부인의 도플갱어들을 살펴본다. 결론에서는 웹스터 극에 암시되었던 자코비안적인 특성이 영화의 각색에서 더 심도 있고 현대적인 의미 해석으로까지 확대됨을 시사한다. 국내에서는 『말피 공작부인』의 선행연구4)만 있을 뿐 각색 영화의 연구 논문이 전무후무한 관계로 본 연구는 다각도로 시각화했던 영화 작업의 수단을 통해 자코비안 극인 『말피 공작부인』에 내재된 현재의 가치와 사유 담론을 이끌어내는 데 의의가 있다고 본다.

---

4) 박옥진 「『말피공작부인』의 인물연구: 말피공작부인을 중심으로」(2012), 정해룡 「존 웹스터의 사회비판의식-『말피공작부인』을 중심으로」(2014), 조재희 「『말피공작부인』에 재현된 포스트-휴머니즘」(2018) 등이 있다.

1. 여성의 성에 대한 통제, 억압 및 소비

피기스의 영화는 웹스터의 극과 현대 문화의 맥락에서 말피 공작부인을 여성 육체와 여성의 성에 대한 통제, 억압 및 소비에 관한 연구의 전-텍스트로 사용한 방법에 높게 평가받는다. 즉 웹스터의 말피 공작부인이 21세기 영화의 비평으로서 기능하며 여성의 성에 대한 남성의 통제, 즉 응시의 방향을 통해 여성의 육체와 성을 노출시켜 특히 여배우의 육체에 대한 통제, 성의 착취 및 소비를 영화에서 전하려는 주제가 초점이 된다. 피기스가 존 웹스터의 말피 공작부인의 각색 영화를 "일종의 펑크시대의 것"(sort of 'period punk')(Aebischer, *Screening* 67, Mike Figgis, *Digital Film-Making* 70)이라 부른 것처럼 자코비안 <호텔>은 21세기의 맥락에서 의미 있는 해석이 가능하다. 애비셔의 분석대로 플롯은 자코비안의 과도함, 이를테면 카니발리즘, 살인, 강탈, 네크로필리아(necro philia) 및 복수의 내용을 포함하는 반면, 영화 속 영화라는 피기스가 선택한 구조는 웹스터의 극을 자기-반영적으로 전유하는 셈이다. 이러한 맥락에서 <호텔>은 메타시네메틱(metaci nematic)의 반영이 강화된 영화이다. 더군다나 도그마(저예산 독립 제작 영화 방식)에 영감을 받은 말피 영화제작 과정을 MTV 스타일의 다큐멘터리를 제작하러 온 찰리 복스(Charlee Boux)(Salma Hayek)가 영화팀의 서사에 추가된다는 점 또한 흥미롭다("Shakespearean Heritage", 280).

피기스의 영화 <호텔>의 서사(narrative)[5]는 크게 고전 서사구조의 이중 플롯 라인을 갖는다. 베니스에서 『말피 공작부인』을 각색한 <말피> 제목의 도그마 영화를 촬영하러 온 한 무리의 사람들과, 그들이 체류한 호텔에서 직원들이 고객들을 요리로 즐긴다는 이중 플롯이다. 각각의 플롯은 분명한 영화의 특성을 띠고 있다. 고전적인 서사의 기준에서 본다면 인과관계가 다소 느슨해 보이지만 인과관계는 존재한다. 이러한 이중 플롯에는 세부적인 서사가 존재한다. 영화 속 영화(말피)를 촬영하러 온 팀 사이에서 일어나는 여러 갈등의 서사와, 영화(말피)에서 일어나는 말피 부인과 안토니오 등의 등장인물들을 중심으로 웹스터 극에 내재된 여성의 성적 억압과 성의 통제 및 소비에 대한 서사가 있다. 우선 이 장에서는 언급한 말피 영화 촬영팀에서의 서사부터 주제와 연관 지어 분석

---

5) 필자가 서술하는 영화의 서사에 들어가는 플롯의 내용은 다른 자료에서의 내용과 반복될 수 있음을 밝힌다.

하고자 한다. 촬영팀에서는 말피의 감독인 트렌트 스토켄 (Trent Stoken)은 공작부인이 안토니오에게 구애하는 장면을 촬영하던 중 어세신(Assassin)(Adrea di stefano)으로부터 총을 맞게 되는데, 트렌트가 바닥에 누워서 일어나지 못하고 있음을 알게 된다. 그에게 휴식을 취하라는 의도로 그를 그대로 내버려두면서 다른 이들은 영화제작에 대한 이런저런 얘기를 한다. 트렌트의 친구인 조나산 댄더핀(Jonathan Danderfine) (David Schwimmer)은 어세신과 의미 있는 눈길을 주고받으며 트렌트가 넘어진 이유에 대해 이야기를 나누는 모습이 보인다.

트렌트는 그 사고로 생명에는 지장이 없지만 일시적으로 2주 동안 코마 상태에 빠진다. 플라멩코 매니저(Flamenco Manager) (Burt Reynolds)는 호텔에 도착해 공연 후 트렌트의 병문안을 가게 되고 그곳에서 다른 이에게 그 영화제작을 맡길 것을 촉구한다. 조나산이 새로운 감독이 된다. 여전히 코마 상태에 있던 트렌트는 호텔의 메이드(Maid)(Valentina Cervi)가 옷을 벗고 병원 침대에서 그와 관계를 맺자 그는 의식을 회복한 후 또다른 성적 접촉을 원하는 듯 속삭이듯이 설명한다. 결국 트렌트는 몸을 회복하게 된다. 트렌트는 조나산에게 말은 하지 않은 채 주도권을 행사하는 개처럼 으르렁거린다. 이러한 상황은 웹스터의 퍼디난드가 자신이 짐승이라고 앓고 있던 병의 증상을 생각나게 한다. 트렌트는 영화제작진에 통제권을 잡게 된다. 다음 장면에서 조나산은 트렌트를 피해서 우연찮게 카니발이

자행되는 지하 장소로 들어간다. 그의 운명은 모호한 상태로 남는다.

영화제작진 외에 엔터테인먼트 "저널리스트"인 찰리 복스는 MTV 스타일의 기록영화 말피의 제작 촬영을 위해 그녀의 제작자인 에이제이(AJ)(Danny Sapani)와 함께 영화 초반에 들어온다. 찰리는 엉뚱한 질문을 하던 차에 우연히 지하 천장에 매달려 있던 도륙당한 인간신체의 일부를 발견한다. 호텔 직원이 그녀의 침입을 알게 되고 그녀는 사라진다. 더 진지한 저널리스트인 카위카(Kawika)(Lucy Liu)는 영화의 끝부분에 나와서 트렌트와 종료 인터뷰를 한다. 인터뷰에서 트렌트는 자신의 코마 상태 동안 자신의 몸을 이탈해 호텔의 사람들을 관찰했다고 주장하기도 한다.

말피의 제작팀에 대한 서사 외에도 호텔의 주요 플롯 라인은 고전적인 흐름 이상의 많은 액션을 담고 있다. "호텔 직원" 플롯 라인과 연관된 다른 서사들은 영화에서 확장되고 주제적으로 풍성한 에피소드에 절정을 이루면서 서로 짜인 구조로 발전한다. 이후 영화제작자 댄더핀이 남은 영화를 촬영하게 된다. 영화는 익명의 호텔 메이드 발렌티나 체르비의 반초인적인 인물에 비중을 두는 것 같다. 피기스는 영화가 진행되면서 그녀가 매우 중요하고 더 이국적이고 낯설고 성적인 인물이 되기를 원하는 듯하다(In the Dark 71). 체르비 호텔 메이드는 코마 상태인 트렌트에게 말을 하는 에로틱한 독백과 나이트 비전 카메라로 촬영한 정교한 독백을 전달하기 때문이다.

영화제작에 투자한 보리스(Boris)(George DiCenzo) 또한 그의 아내 그레타(Greta)(Laura Morante)와 호텔에 머문다. 그는 아내에게 언어적 폭력을 자주 가한다. 보리스는 페티시를 만족하기 위해서 창녀 소피(Sophie)(Stefania Rocca)를 고용한다. 말피와 크로스 컷 장면에서 공작부인이 그녀의 오빠들과 대화를 시작하는 장면에서, 보리스가 전화를 들고 있던 회의실 테이블 위에 소피가 서 있다. 그녀는 상의를 벗고 보리스가 마시던 두 개의 우유 잔에 그녀의 가슴을 담그게 하려고 팔을 굽이는 자세를 취한다. 보리스를 위해 이러한 행위를 하던 차에 어세신이 전화를 해서 그녀를 그날 밤늦게 호텔 바에서 만나려 한다. 그는 소피를 쉽게 알아보도록 그녀에게 빨강 드레스를 입도록 한다. 한편 보리스는 그의 아내인 그레타에게 그를 대신해 사업 동료인 스티브 호크(Steve Hawk)(Christopher Fullford)를 만나도록 한다. 공교롭게도 그레타도 빨강 드레스를 입게 된다. 그래서 어세신은 그녀가 소피라 생각한다. 그레타는 어떠한 저항도 없이 그녀의 방으로 가서 그와 섹스를 하게 된다. 한편, 스티브는 영문도 모른 채 소피를 보리스의 아내로 생각한다. 그는 그녀와 함께 위층으로 올라가 정사를 나눈다. 플롯의 인과관계가 모호해 보인다.

영화 촬영팀과 관계된 서사(트렌트의 코마 상태, 그와 메이드의 관계, 영화 투자자 보리스의 여성 편력과 그의 아내) 이외에, 한 손님(Elisabetta Cavallotti)을 유괴해서 지하실로 끌고 가는 호텔 직원의 이야기와 이탈리아 여배우(Italian Actress)

(Valeria Golino)를 유혹해서 그녀의 눈을 가리고 호텔 직원들이 주로 이용하는 지하의 어두운 방으로 데려가 성적인 유희를 즐기는 호텔 직원(Hotel Nurse)(Chiara Mastroianni)의 이야기가 영화 초반에 일어난다. 호텔에 체크인을 하고선 곧장 감옥의 창살 뒤에 위치한 테이블 끝에 혼자 자리를 차지한 것을 신경 쓰지 않은 듯 호텔 직원과 촛불이 켜진 테이블에서 저녁 식사를 하는 오마 존슨(Omar Johnson)(John Malkovich)의 모습도 잠시 보인다. 이후 그의 모습은 보이지 않는다. 이러한 이야기의 구조 또한 모호함을 불러일으킨다.

지금까지 언급한 호텔에서의 개별 서사는 관객들에게 이상한 감정을 야기시키기에 충분하다 할 수 있다. 이러한 개별 서사 이외에도 웹스터와 <호텔>의 연관성은 서사를 통한 파편화된 시각 모티브로서 보인다. 피기스는 시각적으로 하나 혹은 두 개의 다른 프레임 사이즈[6]를 이용해서 서사의 주제를 전달하려고 했다. 특히 빨간 경계색이 들어가 있는 사각 프레임은 호텔 직원에만 집중되는 나이트 비전 감시 카메라를 의미한다. 이 감시 카메라는 어세신이 호텔로 들어오는 것을 포착하며 호텔 메이드가 트렌트를 야간에 방문했던 곳에서도 사용되었다. 회색을 기본으로 한 화면의 질감은 빨간색 경계 부분이 없는 더 부드럽고 더 파란색을 띤 나이트 비전과는 차별화된다. 그 감시 카메라는 이중의 역할을 한다. 찰리가 직원들이 지하에 넘어질 때에도 같은 사이즈로 빨간색 경계가 있

---

6) 영화 프레임 사이즈의 사용에 관한 설명은 피기스 저서에서 참고함.

는 카메라 프레임이다. 샷은 초록색을 띠는데 처음엔 그녀가 어세신을 그다음은 메이드를 따라갈 때 보인다. 찰리의 나이트 비전 카메라는 그녀가 어두운 곳에서 볼 수 없는 이미지를 보게 해주는 역할을 한다.

피기스가 영화가 지향하는 주제를 전달하려고 구성한 세 개의 프레임 사이즈 외에도, <호텔>은 4면의 스토리라인이 동시에 화면에 나오는 것도 있다. 4면이 동시에 나오는 구도는 호텔의 외면을 찍은 헝가리 궁(Hungaria Palace)의 장면을 포함해 여러 장면이 있다. 이후 이 글에서 주제와 함께 세세히 설명하고자 한다.

다음은 말피 영화에서의 서사를 살펴보고자 한다. 남성의 응시를 통한 여성의 통제를 살펴보고 웹스터의 말피 공작부인이 21세기의 영화에서 어떠한 비평으로서 기능하는가에 초점을 둔다. 또한 영화 촬영 속에서 재현된 말피 공작부인의 행위를 통해 그녀에 대한 억압과 그녀의 파격적인 행위를 살펴본다. 피기스의 영화는 웹스터의 공작부인의 욕망의 응시와 자율성에 대한 추구를 여성 주체의 재현에 관한 영화산업의 도전적 형식으로 바꾼다.

안토니오의 응시라든가 퍼디난드와 보솔라의 가부장적 남성의 억압적 응시는 창녀 소피아 그레타 등을 포함한 21세기의 여성으로까지 연속된다. 공작부인에 대한 억압적 응시와 파격적이고 자율적으로 행한 그녀의 행위를 현대 시점과 연결짓고자 한다.

할리우드 영화가 시각적 즐거움을 줄 만한 기술 사용으로 에로틱함을 가부장적 질서 안으로 코드화한다고 로라 멀비 (Laura Mulvey)가 주장하듯이(16) 애비셔(*Screening* 91)와 피기스 또한 이에 대해 공감한다. 필자는 멀비가 분석한 내용 (14-38)을 기반으로 해서 안토니오가 말피 공작부인을 이상화시키고 숭배적으로 응시하는 행위와 퍼디난드와 보솔라가 누이를 탐색적이고 처벌적으로 응시하는 행위 간의 차이를 간략히 언급해 보고자 한다. 멀비는 영화에서의 여성은 관객과 남성 인물들로부터 이중의 응시를 경험하게 되며, 여성에 대한 남성의 응시를 "페티시적 절시증"(fetishistic scopophilia)과 "관음증"(voyeurism)으로 구분했다(21-22). '페티시적 절시증'은 남성 인물이 응시의 대상인 여성의 육체적 미를 구축하고 이를 그 자체로 만족할 만한 무엇인가로 변형시키는 것으로 안토니오에게서 인식되는 한 특징이다. '관음증'은 사디즘과 연관성이 있으며 즐거움이 죄책감을 동반한다. 처벌이나 혹은 용서를 통해 죄의식이 있는 자를 통제하고 복종시키는 데 의미를 두고 있다. 이는 퍼디난드가 그의 여동생에게 처벌을 위한 감시를 한 것에 해당한다. 피기스 또한 영화제작에서 나타나는 "포르노의 눈"(elements of the porno-eye)에 대한 문제를 의식하고 관음적인 눈에 비평의 무게를 둔다. 영화의 기본적이고도 유일한 관음적인 눈엔 항상 문제가 있었지만 예술가를 도착의 영역 안으로 끌어들이는 것 또한 바로 그 눈이라고 피기스는 밝힌다(*in the Dark* 68). 극에서 보이는 이러한 페티시적 절시증이나 관음증에서 나오는 여성 억압은 영화 촬영장에 있는 여성 배우들에 대한 억압으로까지 적용된다.

우선 극의 내용을 영화로 촬영하는 곳에서 재현된 말피 공작부인에 대한 남성들의 억압적 응시와 그녀의 욕망을 살펴본다. 말피 영화 촬영장에서 보이는 여러 주제의 서사를 보고자 한다. 웹스터 극에서와 마찬가지로 공작부인이 그녀의 침실에서 안토니오의 주변을 돌고선 자신의 드레스를 올리고 그의 뒤에서 섹스를 한다. 전통적인 남녀의 성 역할에 변화가 있다.

피기스는 이미 근대 초기의 극에서 현대적 특성을 확인했기에 앞뒤가 전도된 특성을 기반으로 했던 웹스터 극의 특성을 그대로 여과 없이 보여준다. 섹스 후 공작부인은 오르가슴 신음 소리를 내면서 침대에 눕자 곧 출산의 신음 소리와 함께 쌍둥이 플라스틱 아이들이 출산된다. 출산까지의 과정이 재현된 것이다. 그러자 시녀 카리올라와 그녀는 키스를 한다. 이를 두고 밸러리 트룹(Valerie Traub)은 그들의 욕망이 여성 동성애와 관련된다고 한다. 하지만 트룹은 이러한 여성 동성애는 여성 간의 친밀도로 해석이 되며 르네상스 문화에서는 이런 관계가 문제 되지 않는다고 한다. 왜냐하면 이성애적 결혼 문화에 도전적인 사항이 되지 않거나 혹은 가부장적 질서 유지, 즉 재생산적인 일에 위협적이지 않기 때문이다(181-82). 로리 쉐논(Laurie Shannon)은 르네상스 문화에서의 여성들 간의 관계는 "여성의 자치구역"(zone of feminine autonomy)에서 나오는 우정적인 측면으로 해석이 가능하다(Traub, 재인용 173)

고 표현한다.

하지만 공작부인이 성별과 계급의 경계를 위반하는 그녀의 파격적인 욕망은 레즈비언과 관계있다(Aebischer, *Screening* 95). 또한 공작부인과 카리올라 사이에는 잠재적으로 동성애적 친밀도의 특성을 지닌 사회적 관계가 맺어지는데 이는 그녀의 자율적인 정체성과 그녀의 욕망을 표현하고자 하는 공작부인의 선택으로 보인다. 이처럼 극에서 보이는 공작부인의 자율적인 정체성은 영화 촬영에서도 그대로 재현되었지만 성적인 면이 부각된 것 또한 사실이다. 피기스는 호텔 여성 간의 성을 공작부인의 원형-레즈비언과 결합시킨다(*In the Dark* 96).

웹스터의 비극에서는 동성애와 이성애적 욕망이 호환하고 상호 공존한다. <호텔>에서는 카리올라를 공작부인과 안토니오와 함께 침대에 둠으로써 극에서 보다 더 파격적인 장면을 보여준다. 극에서와 마찬가지로 재현된 여성 동성애의 모습 외에도 세 사람의 성행위 또한 앞뒤가 전도된 특성으로 읽힌다. 피기스는 침대에서의 세 사람의 성행위를 웹스터 극과 구체적으로 연결시켜 이를 성적화시킨다. 특히 웹스터 극 3막 2장에서 공작부인과 안토니오의 결혼 생활을 통해 앞에서 언급한 내용을 알 수 있다. 영화에서는 카리올라를 공작부인과 안토니오와 함께 침대에 눕힘으로써 극의 2막 3장(9-12)[7]에선 선명하지 않았던 여성 간의 유대를 시각적으로 확인할 수 있다.

---

7) 텍스트는 *The Duchess of Malfi and Other Plays*에서 인용함. 이후 출처 생략함. 해석은 말피 공작부인(강석주·임성균 역)에서 인용함. 이후 출처 생략함.

Antonio.	We'll sleep together.
Duchess.	Alas, what pleasure can two lovers find in sleep?
Cariola.	My lord, I lie with her often, and I know She'll much disquiet you.

안토니오.	함께 자는 거지요.
공작부인.	아, 이 두 여인이 누워서 잠만 자면 어떤 즐거움을 찾을 수 있죠?
카리올라.	주인님, 제가 마님 곁에서 자주 자봐서 아는데요. 마님은 결코 주인님을 가만 내버려두지 않을 거예요.

영화 <호텔>에서의 앞뒤 전도된 여성 동성애라든가 세 인물들의 성적 장면은 카메라가 공작부인의 넓게 뻗은 다리에서부터 침대 위의 세 사람의 모습을 촬영하는 조나산 댄더핀의 모습을 보여주면서 마무리된다. 하지만 그 촬영 장소 뒤에는 보솔라의 모습이 보이며 그는 이러한 장면을 지켜보면서 통로에 서 있다. 댄더핀의 카메라 비전은 공작부인의 가랑이에 집중되며 극과 피기스의 영화에서 "여성의 성에 대한 남성의 통제"가 똑같이 적용되고 있음을 암시하면서 보솔라를 향한다.

칼라 제이(Karla Jay)는 작가들의 레즈비언 에로티시즘에 대한 역사적 변천을 다음과 같이 설명한다. 19세기 이전의 작가들은 레즈비언 에로티시즘 표현을 분명하겐 하지 않았다. 19세기 말 툴루즈 로트레크(Toulouse-Lautrec)와 같은 화가에 의해 가치가 저하되었던 레즈비언을 그림에서 묘사하는 일이 있었지만 남성 자신들의 성적 만족감과 남성 관람객들의 만족을 위한 것이었다. 더욱이 20세기 와서는 마르셀 프루스트 (Marcel Proust)의 『잃어버린 시간을 찾아서』(*Remembrance of Things Past*)를 포함한 몇 작품에서도 남성에서 기원된 레즈비언 성적 장면이 포르노의 성격을 띠고 있으며 레즈비언에 대한 "남성 중심적 비전"(androcentric vision)이 지속되고 있음을 주장한다(3). 이러한 남성적 비전은 보솔라의 가부장적 관점에서도 마찬가지지만 그의 비전은 통제의 성격을 지닌다는 점에서 억압적이다. 오라버니인 퍼디난드가 "난 그녀가 다시 결혼하게 내버려두지 않을 것이다"(I would not have her marry again)(1.1.247)라며 보솔라에게 "공작부인을 관찰하는"(observe the Duchess)(1.1.242) 임무를 맡긴 것에서 보는 것과 같다. 공작부인을 숭배하는 안토니오의 응시와는 달리 보솔라의 관음적인 응시는 감시하고 기록하는 일에 그치지 않고 결국 공작부인을 목 졸라 죽게 하는 벌을 내리는 데까지 이른다.

보솔라의 공작부인에 대한 감시와 관음적인 응시라든가 퍼디난드의 학대적인 침입에도 불구하고 그녀는 자신의 몸을 구성하고 통제해 순환적인 "여성적"(feminine) 공간을 만들려 한다(Judith Haber, 74). 그녀는 집사인 안토니오에게 결혼 신청을 하게 되는데, 그는 그녀의 오라버니들의 반응을 걱정한다. 그때 그녀는 다음과 같이 반응한다.

그들은 생각을 하지 마세요.
이 경계선 밖에 있는 모든 불화는

두려워할 것이 아니라 측은하게 여겨야 해요.
하지만 그들이 알게 된다 하더라도, 시간이
그 폭풍을 쉽게 흩트려버릴 거예요.

Do not think of them.
All discord, without this circumference,
Is only to be pitied, and not feared;
Yet, should they know it, time will easily
Scatter the tempest. (1.1.458-62)

여기에서 "경계선"이란 안토니오와 공작부인이 포옹을 하고 있는 둘만의 상태를 의미하며 공작부인이 주체적으로 사랑을 누리고 공유할 수 있는 그녀만의 공간임을 암시한다. 이곳은 오라버니의 감시와 그의 가부장적 위협에도 불구하고 독자적으로나 자율적으로 사랑을 주장할 수 있는 그녀의 공간인 셈이다.

이러한 공작부인의 주체적인 사랑은 안토니오를 지배하는 듯하면서도 그에게 복종을 하고 혹은 그를 밀어내는 듯하면서도 그를 밀어붙이는 듯한 모습을 시각적으로 보여준다. 이를테면 공작부인이 안토니오에게 구애를 하는 데서, "당신이 열쇠를 요청하기 전에/ 내가 당신을 받아들였기 때문이죠."(I entered you into my heart/ Before you would vouchsafe to call for the keys.)(3.2.61-2)라는 표현을 하는데 여기에서도 공작부인은 '내가 당신을 받아들였다'는 전통적인 남성과 여성의 입장을 바꿔서 여성을 우위에 두고 능동적인 주체로 자리매김한다(Harber, 76).

이렇듯 공작부인이 안토니오에게 구애를 하자 안토니오는 겸허하게 자신의 부족한 입장을 밝힌다. 그러자 공작부인은 다음과 같이 주장한다.

우리 같은 사람들의 비극은 아무도 감히 우리에게
구애하지 않기 때문에 직접 구애를 해야 한다는 거지요.
...
전 남편의 무덤 앞에 무릎 꿇고 있는 석고상으로
만들어진 존재가 아니라고요. 정신 차리세요, 안토니오!
전 여기에서 허례허식을 모두 버리고 당신을 남편으로
청하는 젊은 과부의 모습으로만 있는 거예요. 과부처럼
별로 부끄러워하지도 않으면서 말이에요.

The misery of us that are born great:
We are forced to woo, because none dare woo us;
...
Kneels at my husband's tomb. Awake, awake, man.
I do here put off all vain ceremony,
And only do appear to you a young widow
That claims you for her husband, and like a widow
I use but half a blush in't. (1.1.431-32, 445-49)

그녀의 솔직한 고백에서 보듯이 공작부인은 가부장적 질서에서 요구하는 여성의 수동적인 역할이 아니라 능동적인 주체로서 당당히 자신의 목소리를 내고 있다. 그녀는 남성 중심의 권력에 대한 가부장적 기본 맥락에 자율적인 수정을 가한다고 볼 수 있다. 프랭크 위그햄(Frank Whigham)은 그녀가 "자기-정의"(self-definition)를 실현해 가족의 금지와 신분계급을 넘어서 자신의 집사와 결혼하게 되었다고 밝힌다(201).

앞에서 언급했듯이 공작부인은 성적인 면에서나 결혼 상대자를 선택하는 데 있어서도 자율성을 발휘하지만 특히 그녀가 죽음에 임하는 모습에서는 당당한 영웅적인 면모를 보이기까지 한다. 감옥에 갇힌 그녀를 계속해서 겁박하는 보솔라에게 "난 아직도 말피 공작부인이다."(I am Duchess of Malfi still.) (4.2.134)라며 당당히 맞서는 보습을 보이며 그녀를 교살할 "이 밧줄이 두렵습니까?"(This cord should terrify you?)(4.2.207) 라는 보솔라의 질문에 "조금도 두렵지 않다."(Not a whit.) (4.2.208)고 한다. 그녀에게는 오라버니들이 사용하는 가부장적 협박 언어도 통하지 않으며 그들의 소유욕도 닿지 않는다. 그녀는 오롯이 자신만의 주체적 자유를 소유할 뿐이다.

지금까지 웹스터 극에서 보았던 공작부인이 소유한 욕망의 응시와 자율성이라는 그녀의 태도가 피기스 영화에선 여성의 주체 재현이라는 도전적 주제로 바뀐 것을 살펴보았다. 뒤에서 언급될 영화에서의 여러 여성 인물에 대한 도전적 평가를 감안해서 잠시 공작부인 외에 카리올라와 추기경의 정부인 줄리아(Julia)에 대해서 언급할 필요가 있다.

극에서는 의지를 발휘하는 자기-정의와 같은 자율성을 지닌 공작부인 옆에 자신의 목숨을 희생하면서까지 공작부인을 지켜나간 하녀 카리올라가 있다. 카리올라는 자기 주인인 공작부인의 파격적인 자율성에 지지를 해주며 그녀의 자기-결정능력도 인정해 주지만 가부장적 질서에서 나오는 여성의 구속력에 대한 걱정도 내비친다.

마님께서는 영웅의 기개가 더 많은지 여성다움이
더 많은지 모르겠어. 하지만 거기엔 무서운 광기가
있어. 마님이 정말 불쌍해. [퇴장]

Whether the spirit of greatness, or of woman
Reign most inher, I know not, but it shows
A fearful madness; I owe her much of pity.
[Exit] (1.1.494-96)

이러한 걱정을 하면서도 늘 주인인 공작부인을 옆에서 잘
보살펴 주었다. 결국 보솔라에게 잡혀 감옥살이를 하면서 "나
도 마님과 함께 죽겠다."(I will die with her.)(4.2.194)라며 끝
까지 공작부인에 대한 전통적인 관념에서 볼 수 있는 사랑과
의리를 보여준다.

주인에 대한 충정을 지켜나간 카리올라 외에 카스트루키오
(Castruccio)인 늙은 영주의 아내인 줄리아도 있다. 줄리아는
공작부인의 오라버니인 추기경의 정부로서 권력과 재력이 있
는 남성과 성적 관계를 유지한다. 추기경의 표현을 보자면,

아무래도 변함없는 정절을 지닌 여성을 찾으려면
우리는 플로렌스인 갈릴레오가 발명한 그 놀라운
유리를 빌려서 달나라에 있는 또 다른 세계를
찾아보아야만 할 거요.

We had need go borrow that fantastic glass
Invented by Galileo the Florentine,
To view another spacious world i'th' moon,
And look to find a constant woman there. (2.4.16-19)

그의 말대로 줄리아는 변절을 한 여성이며 추기경은 이러한 줄리아의 성향을 알면서도 그녀를 가까이에 둔다. 줄리아는 추기경의 권력을 이용하면서 보솔라에게도 구애를 한다. 음탕한 줄리아는 "저기 귀찮은 내 소모품이 있군./ 난 그녀가 지겨워. 그러니 무슨 수를 써서라도/ 떼어버려야지."(Yon's my lingering consumption:/ I am weary of her, and by any means/ Would be quit of.)(5.2.224-26)라고 생각하는 추기경에게 독살을 당하게 된다. 추기경이 말피 공작부인과 그녀의 어린 두 아이들을 목 졸라 죽였다는 비밀을 알게 되었기 때문이다. 결국 줄리아는 추기경의 일회성 장난감에 불과했던 셈이다.

이렇듯 극에서 허망하게 목숨을 잃게 된 줄리아는 <호텔>에선 이탈리아 여배우인 이사벨라(Valeria Golino)가 그녀의 배역을 맡게 된다. 말피 영화에서 줄리아의 배역은 나체의 몸을 보여줘야 하며 대사도 짧아서 그녀는 불평한다. 이 점에서 애비셔와 멀비는 여성 배우들의 육체는 여성을 아이콘으로 설정해 능동적으로 통제해 보려는 남성의 응시와 즐거움을 위해 전시되며 남성 지배 산업에 의해 소비용으로 제공되는 방식을 활용한다고 비판한다("Shakespearean Heritage", 293; Mulvey, 21).

이 장에서는 웹스터 극에서의 말피 공작부인을 향한 여성의 성에 대한 통제와 관음적 응시의 억압 형태가 현대의 말피 영화제작에서도 여성의 성 착취와 소비의 대상이라는 주제로 이어져 가고 있음을 살펴보았다.

2. 카니발리즘(식인행위)

① 식인 담론에 대해

식인행위에 대한 주제는 특정 기간이나 장소 및 인물에게만 한정된 것으로 여겨졌다. 이러한 분위기는 매기 킬고(Maggie Kilgour)가 문학에 나타난 식인행위를 연구한 이후, 여러 비평가들은 식인행위의 재현이 우리로 하여금 주체로서의 우리의 정체성을 만들어내고, 경쟁하며 그리고 협상하는 방식을 다시 생각하게끔 해준다고 기술한다(Kristen Guest, 1 재인용). 킬고의 주장에 따르면, 식인이 문명화된 "우리"와 야만인 "그들" 간의 경계를 강화했으며 결국 이 이분법적인 표현이 말 그대로의 뜻에서 은유적인 형식에 이르기까지 변천한 식인행위의 소비 순환을 형성한다. 즉 "식인으로서의 타자에 대한 개념은 먹고 먹히는 방식으로 식인의 억압이나 몰살 및 문화적 식인행위를 설명한다."(the definition of the other as cannibal justifies its oppression, extermination, and cultural cannibalism (otherwise known as imperialism) by the rule 'eat or be eaten.')(Guest, 2 재인용).

킬고 외에도 몽테뉴의 식인 수사도 자주 인용된다. 식인행위에 대한 서구 담론인 몽테뉴의 에세이 'Of the Caniballes'(식인에 대하여)는 유명하며 이는 식인 아메리카의 투피남바족(Tupinamba)과 몽테뉴의 대화를 기술한 것으로 결국 식인 문화와의 조우에 관한 글이다. 이 에세이에서 몽테뉴는 자신이 소개한 투피남바족의 식인 문화가 그들을 야만인으로도 미개인으로도 정의 내리지 않는다고 밝힌다. 그들은 사회로부터 오염되지 않았으며 오히려 문명화된 이들이 더 미개하다며 식인행위 때문에 그들을 몰살시킬 구실이 될 수 없다고 주장한다. 또한 몽테뉴는 카니발리즘이 비천한 타자에 대한 식민주의자적 폭력을 정당화하는 빌미가 되어서도 안 되며 유럽인들의 분석의 대상이 되어서도 안 된다고 주장한다. 몽테뉴가 유럽인들을 묘사할 때 사용하는 이를테면 그들의 복부 탐욕이나 상품에 대한 욕심과 같이 먹는 것에 대한 메타포를 이용하는 것은 결국 유럽인을 향한 식인행위의 반감을 전용하는 것이다. "식인행위는 먹는 자와 먹히는 자 모두를 통합하는 행위로 해석한다."(Cannibalism is not only a choice for the eater, but also for the eaten; an incorporation of the adversary that is embraced by all involved). 식인행위에 대한 몽테뉴의 주장은 여러 문화적 논쟁에 반영된다(*Screening* 69-70 재인용). 더 나아가 킬고는 몽테뉴의 식인종이 유럽인들을 악마화 된 대립물로서가 아니라 현대사회의 인위성과 위선을 폭로하는 그들의 자연적인 삶을 영위하는 이상화된 존재라고 주장한다 (243-44).

몽테뉴의 초기 식인주의에 대한 담론은 피기스의 영화에서 가장 다면적이고 시사하는 바가 많다. 식인행위에 대한 견해는 "civilization"(문명), "savagery"[8](야만)이 특정 문화와 시기에 대한 보다 넓은 관계의 망에 자리를 잡게 되었다는 개념을 기본으로 했다. 식인행위가 이분법적인 관계에서라기보다는 차이를 둘러싸고 있는 불안이 식인행위와 관련된 문학적, 상징적 및 은유적 재현을 통해 어떻게 전달되는가에 대한 이야기라고 설명한다(Guest, 4).

이러한 식인행위의 해석은 지크문트 프로이트(Sigmund Freud)에게서도 확인할 수 있다. 프로이트는 유아의 성적 발달 중 구강단계를 카니발리즘적 실존으로 규정한다. 이때 어머니와의 상징적인 하나 됨을 이루면서 최초의 실존을 형성한다. 이때의 어머니 육체를 섭취하는 행위가 그 이후의 개인적 정체성을 형성하게 되는, 이를테면 "정신적 내사(內射)"(psychic introjection),[9] "동일시"(identification) 및 "내면화"(internalization)의 모델이 되기 때문이다(Kilgour, 244-45 재인용). 하지만 어머니와의 분리를 전제로 하는 정체성 형성으로 인해 이러한 유아의 실낙원은 억압된 본능으로 무의식에 잔재한다. '어머니의 젖가슴을 빠는 아이가 모든 애정관계의 원형이 되었다'(the child sucking at his mother's breasts has become the prototype of every relation of love)(Kilgour, 245 재인용)라는 말에서 보듯이 이 아이는 늘 어머니와의 최초 공생으로 돌아가고 싶어 하며 생식기 성욕의 단계에서도 억압된 구강적

---

8) 몽테뉴가 Of the Caniballes에서 언급한 용어.

9) 가능한 많은 대상을 외부세계로부터 자아 내부로까지 끌어 들여와 동일시하는 심리 메커니즘을 말한다.

근원의 흔적을 간직한다. 킬고는 우리가 사용하는 사랑에 대한 언어가 이를테면 사랑하는 이를 먹거나 혹은 게걸스럽게 먹는다와 같은 표현으로 차 있다고 주장하면서 먹는 행위와 성적 관계가 동일시된다고 강조한다. 결국 프로이트의 관점에서 본다면 최초의 갈망이 억압되지 않기에 인간은 문명화에서 기원된 불쾌감을 포기하고 세계와의 단일성과 하나 됨과 같은 최초의 갈망을 추구하는데 이는 카니발리즘이라는 행위로 기표화 된다(245).

이러한 맥락에서 카니발리즘은 최초의 합일 상태로 회귀하려는 욕망이나 재합일에 대한 제의로 해석이 가능하다. 킬고는 인류학자들이 '족 내 카니발리즘'(endo-cannibalism)이라 부른 것에 대해, 어떤 자의 혈족을 먹는 것은 공동체에 흡수되는 길이며, 사회적 일체성을 회복하는 길이라 설명한다 (247). 이러한 합일에 대한 욕망은 근대 문화에 와선 몽테뉴가 앞에서 언급했던 우리 자신의 탐욕스러운 자아에 대한 공격으로 해석이 되는가 하면 제국주의와 자본주의로 향한 욕구를 재강화하는 데 투사되었다는 해석으로 가능했지만 현대에 와선 해석의 성격이 바뀌게 된다. 맥카넬(Dean MaCannell)은 근대 문명이 여하간 야만인 조상을 희생으로 해 이루어졌기에 우리는 그들에 대한 환상에 무의식적으로 영향 미치는 '식인 자아'(cannibal ego)(25)를 소유하고 있음을 강조한다. 우리의 '식인 자아'는 결국 프로이트의 관점에서 압축된다. 그는 개인의 발달이 자연에서 문화로의 진보, 문자에서 은유로의 역사적 진보를 축약하는 데 있다(Kilgour, 244-45)고 밝힌다.

이러한 몽테뉴의 식인주의나 킬고가 공통적으로 정의 내린 식인행위의 은유적 형태는 여러 학자들에 의해서 대중문화와 비평에서 문학적 은유와 상징으로서 많이 전유되어 문학적 생산을 공식화한 방식에 이바지되어 왔다. 근대 초기 예술의 소비는 소설과 희곡 및 영화 각색에서 식인주의와 연관된다. 마크 부찬(Mark Buchan)은 호머(Homer)의 『일리아드』(*Iliad*)(기원전 8세기)에서 분노를 자제하지 못하는 행위를 식인주의에 비유했다. 로버트 오브라이언(Robert O'Brien)은 『페리 퀸』(*Faerie Queene*)(1590)에서 영국의 식민을 정당화하기 위해 식인주의 은유가 사용되었다고 밝힌다. 그 외 게스트는 빅토리아의 드라마에서는 중산층에 대한 하층의 문명화가 위협적으로 다가오는 현상을 식인주의로 재현했다. 『로빈슨 크루소』(*Robinson Crusoe*)(1719)와 같은 소설에서는 식민기업을 뒷받침해 주는 중상주의와 식인주의를 연관 지어 재현해 두었다. 20세기에 와서는 다국적 소비자 문화에 대한 제국주의 위협을 알리기 위해 식인에 대한 은유를 활용해 왔다(5-7).

각색 영화에선 토마스 해리스(Thomas Harris)의 소설을 각색한 <양들의 침묵>(*The Silence of the Lambs*)(1991)과 <한니발>(*Hannibal*)(1999)이 있다. 2002년 존 포드(John Ford)의 『가엽게도 그녀가 창녀라니』(*T'is Pity She's a Whore*)를 각색한 피터 그리너웨이(Peter Greenaway)의 <요리사, 도둑, 그의 아내, 그리고 그녀의 정부>(*The Cook, the Thief, His Wife and Her Lover*)(1989) 등이 있다(Aebischer, *Screening* 75).

언급한 식인 담론의 선행연구에서와 마찬가지로 웹스터의 『말피 공작부인』에서도 식인행위가 나타나는데 공작부인의 신체와 성을 통제하려는 남성들의 노력에서 반복적으로 재현된다. 이러한 재현 분석과 더불어 극에서 재현된 식인행위가 피기스의 영화에선 어떤 식으로 활용 발전되었는가를 살펴보고자 한다.

② 극에 재현된 식인행위

주로 극에서 보이는 시체에 대한 집착이라든가 공작부인의 육체에 대한 억압이 중점적으로 연구될 것이다. 이를테면 퍼디난드가 극에서 보여주는 으스스한 장면이 있는데, 이는 식인에 대한 되풀이되는 암시이자 메타포다. 공작부인이 음식에 비유되는 곳에서도 식인 메타포가 일관되게 적용된다. 퍼디난드와 추기경이 공작부인의 재혼을 비판하는 데 그녀가 혈통을 더럽혀지게 했다든가 혹은 매춘부가 되었다며 광분하던 곳에서 퍼디난드는 "내가 그년을 난도질해서 조각내 버렸을 때" (When I have hewed her to pieces)(2.5.31)라며 그녀의 육체에 대한 증오를 투사한다. 이러한 그녀의 육체에 대한 시각적 학대는 후각적인 감각으로까지 나아간다.

> 퍼디난드. 연놈의 시체를 구멍이 막힌 탄갱에서
> 불태워버리게 할 거요. 연놈의 저주스러운 연기가 하늘로
> 올라가지 못하게 말이오. 아니면 그들이 함께 누운

이불을 송진이나 유황에 적신 다음에 연놈을 그걸로
둘둘 만 다음에 성냥처럼 불을 붙여버릴 거요.
그렇지 않으면 연놈의 사생아를 넣고 국을 끓여
더러운 육체의 죄악을 새롭게 하라고 그 음탕한
아버지 놈에게 주는 거지.

I would have their bodies
Burnt in a col-pit, with the ventage stopped,
That their cursed smoke might not ascend to heaven;
Or dip the sheets they lie in, in pitch or sulphur,
Wrap them in't, and then light them like a match;
Or else to boil their bastard to a cullis,
And give't his lecherous father, to renew
The sin of his back. (2.5.68-74)

공작부인과 안토니오를 태우겠다는 그들의 말에는 잔인하고
도 무서운 후각적 감각이 동원되는데 이것에 그치지 않는다.
더욱더 끔찍하리만큼 그리스 신화에 나오는 아트레우스(Atreus)
가 타이스테스(Thyestes)에게 자기 자식을 넣고 끓인 국을 마시
게 했다(강석주·임성균, 89)는 비정한 식인을 연상시키는 데까
지 여동생의 육체에 대한 학대가 잔인하게 확장된다.
    공작부인에 대한 퍼디난드의 분노는 그녀가 사생아 셋을 낳
았다는 소문을 보솔라로부터 들은 후 더 극에 달한다. 결국
공작부인을 감옥에 가두고 그녀를 괴롭힌다. 가짜 손이나 안
토니오와 아이들의 시신을 밀랍인형으로 가장해 그녀를 정신
적으로 고문하는가 하면 광인들을 불러들여 그녀를 학대하기
도 한다. 그녀를 괴롭히던 보솔라는 공작부인을 "마님은 세멘
시나 한 상자지요. 기껏해야 그린 머미 한 상자에 불과하지

요./ 이 육신이 무엇입니까? 약간의 엉긴 우유를 반죽해 놓은 것에 불과하지요."(Thou art a box of worm seed, at best, but a salvatory of/ green mummy. What's this flesh? A little curded milk, fatastical/ puff-paste;)(4.2.119-21)라고 묘사한다. '세멘시나'는 식물로서 꽃을 말려서 구충제로 사용하며 '머미'는 미라를 이용해서 만든 약의 한 종류이다(강석주·임성균, 149). 이렇듯 그녀는 섭취의 대상으로 압축된다. 보솔라가 관, 밧줄 및 종을 든 집행관을 대기시켜 놓은 상황에서 공작부인은 카리올라에게 마지막 작별 인사를 하던 중 "내 마지막 유언에서 줄 것이 많지 않구나./ 걸신들린 자들이 이미 많이 먹어치워서"(In my last will I have not much to give;/ A many hungry guests have fed upon me)(4.2.191-92)라며 자신의 육체가 두 오라버니에게 섭취되었다는 식인의 이미지를 띄운다.

그녀의 목이 졸리는 죽음의 마지막 장면에서도 "내가 숨이 넘어가면, 내 오라비들에게 말하거라./ 그제야 그들이 마음 편히 식사를 할 수 있을 테니."(Go tell my brothers, when I am laid out,/ They then may feed in quiet.)(4.2.228-29)라며 그녀에 대한 오라버니들의 억압행위를 식인에 비유한다. 결국 공작부인은 죽게 된다. 그런데 쌍둥이 형제인 퍼디난드는 "그녀의 얼굴을 다시 한번 보게 해다오./ 왜 그녀를 불쌍히 여기지 않았느냐?"(Let me see her face again./ Why didst not thou pity her?)(4.2.264-65)라며 예기치 못한 후회를 하게 된다. 이로 인해서 그는 보솔라에게 그녀의 죽음에 대한 책임을 묻는가 하면 시체발굴에 관한 말을 하게 된다.

퍼디난드. 오, 내 말을 들어보아라.
늑대가 그녀의 무덤을 찾아 파헤칠 것이다.
시체를 먹기 위해서가 아니라, 끔찍한 살인을
밝혀내기 위해서지.

Ferdinand. O, I'll tell thee:
The wolf shall find her grave, and scrape it up;
Not to devour the corpse, but to discover
The horrid murder. (4.2.300-303)

'시체를 먹는다'라는 말을 서슴지 않고 내뱉는 퍼디난드의 행위를 통해 우리는 퍼디난드의 정신세계에 의문을 가지게 된다. 그는 보솔라의 말 "완전히 돌아버렸군."(He's much distracted.) (4.2.328)처럼 광인이 된지도 모른다.

결국 의사의 진단대로 퍼디난드는 낭광이라는 진단을 받게 된다. 이는 자신을 늑대나 이리와 같은 짐승으로 여기는 정신병(강석주·임성균, 170)이다. 의사의 말은 다음과 같다.

제가 말씀드리지요.
그 병에 걸린 사람들은 우울증이 너무 심해
자신이 늑대로 변한 것으로 상상하고,
칠흑같이 어두운 밤에 교회의 공동묘지로 몰래 가서,
시체를 파냅니다. 이틀 전날 밤에
어떤 사람이 성 마가 교회 뒷길에서
어깨에 사람의 다리를 메고 있는 공작님을
만났답니다. 그는 무섭게 울부짖으며
자신이 늑대라고 했답니다.

I'll tell you:
In those that are possessed with't there o'erflows
Such melancholy humour, they imagine
Themselves to be transformed into wolves,
Steal forth to churchyards in the dead of night,
And dig dead bodies up; as two nights since
One met the Duke,'bout midnight in a lane
Behind Saint Mark's church, with the leg a man
Upon his shoulder; and he howled fearfully;
Said he was a wolf... (5.2.7-16)

의사의 설명대로 퍼디난드는 시체를 파내고 사람의 다리를
그의 어깨에 메고 다니면서 스스로를 늑대라 했다. 양심의 가
책으로 인한 증상이라고도 볼 수 있겠지만 웹스터는 육체에
대한 집착을 보여주는 듯하다. 앞에서 보여준 공작부인에 대
한 식인에 대한 반복적인 암시나 은유는 퍼디난드의 낭광 증
상에서도 엿볼 수 있게 된다. 보솔라는 오라버니들을 "가장
잔인한 개들"(these most cruel biters)(5.2.336)로 표현해 공작
부인에 대한 그들의 탐욕스러운 식인 이미지를 강조한다.

지금까지 극에서 재현된 공작부인을 향한 오라버니들의 식
인주의, 인간의 사지 및 가짜 신체나 시체는 두 가지의 주제
적 측면에서 기능한다. 우선, 여성 육체에 대한 천착과 이에
대한 상업화 간의 시각적 등식을 이루는데, 즉 음식으로서의
여성 육체를 상업화함을 의미한다. 다음은 영화의 식인 식사
테이블 위 천장에 걸려 있는 인간의 사지와 주제적으로 연결
된다.

③ 영화에 재현된 식인 메타포

피기스 감독은 극에서 이미 언급된 말피 공작부인을 음식에 비유한 표현을 영화의 장면으로 시각적으로 전하려 한다. 특히 4개의 프레임을 동시에 담은 기법을 활용해 여성의 육체와 이에 대한 상업적 소비의 주제를 전하려 한다. 애비셔 또한 이러한 상관관계를 주장한다(Screening 81). 영화 장면과 주제의 연관성을 설명하고자 한다.

화면10)에서는 앞에서도 언급한 호텔 내에서의 영화제작 후원자인 보리스와 그의 아내 그레타의 모습이 보인다. 그레타는 지속적으로 남편의 언어적 폭력으로 상처를 받아온 여성이다. 보리스는 아내인 그레타에게 살이 쪄서 성형수술이 필요하다는 핀잔을 주곤 한다. 하지만 보리스는 그레타의 이혼 제안에 수긍하지 않고 그녀가 없이는 못 산다고 그녀에게 집착하는 남편이다. 다른 화면은 그들이 머무는 호텔방에서 뚱뚱한 신체를 한 보리스가 자신이 살이 쪄서 옷이 맞지 않다고 불평을 하면서 고기 샌드위치를 주문하는 장면이며 그레타가 전면에서 모습을 보인다. 또 다른 화면에서는 메이드가 우유와 보리스가 주문한 붉은색으로 보이는 샌드위치를 준비하는 모습이 보인다. 또 다른 하나의 것은 펭귄 출판사의『존 웹스터: 희곡 3편』(John Webster: Three Plays)을 손가락으로 두드리는 모습이다. 나머지 하나는 빈 화면이다. 피기스가 세 장면을 동시에 보여주는 것은 근대 초기『말피 공작부인』텍스

---

10) 영화 장면의 캡처는 저작권 문제로 담지 못했음을 밝힌다.

트와 다른 두 화면이 주제적으로 병치하고 있음을 암시해서다. 즉 텍스트의 소비와 음식 섭취 및 여성의 육체를 동등한 행위의 차원에서 해석하려는 심리를 시각화한 것이다.

웹스터 텍스트를 소비한 방식은 영화 촬영팀에서의 시나리오 작가가 영화에 대해 간략하게 설명하는 데서 파악할 수 있다. 그는 웹스터 극의 대사를 할리우드 배우들이 잘 암기하고 소화시킬 목적으로 패스트푸드를 만드는 것처럼 말의 강약을 약강5보격에 맞추거나 옛날식의 말투를 없애서 영화가 맥 말피<MacMalfi>가 되었다고 설명한다. 시나리오 작가의 말대로 <호텔>은 소화가 어려운 문학 카니발리즘인 웹스터의 극을 맛있는 영화로 변형시켜 오늘날의 시장 안으로 소개한 것이다 (Aebischer, Screening 82). <호텔>은 피기스에 의해 비참하고 이질적이며 어려운 것을 과감히 통합해 섭취 가능한 이야기로 탈바꿈되었다고 본다.

섭취 가능한 영화로 바뀐 자코비안 극의 주제는 영화의 첫 장면에서부터 암시된다. 헝가리아 호텔의 손님인 오마 존슨 (Omar Johnson)(John Malkovich 배역)이 지하실에서 호텔 직원들의 식사 테이블과 창살을 가운데 두고서 맞은편에서 식사를 하고 있는 장면에서부터이다. 이를 두고 애비셔는 <호텔>이 식인행위를 섭취하는 자와 섭취되는 자가 선택한 성찬식의 형태로 보여주고 있다고 강조한다(Screening 83). 곧 식인행위는 "절대적인 차이, 즉 먹는 자와 먹히는 자 행위의 대립을 확립시키는 것뿐 아니라 그들을 동일시하는 통합의 행위를 통해 그런 차이를 소멸시키는 것, 즉 이 두 가지를 다 포함해, 하나로 통합시킨다."(cannibalism involves both the *establishing* of absolute difference, the opposites of eater and eaten, and the *dissolution* of that difference, through the act of incorporation which identifies them, and makes the two one.)(Kilgour, 240 재인용)는 해석이 가능하다. 직원들 식사 테이블 뒷면의 천장엔 사지가 고리에 걸려 있다. 이러한 분위기에서 호텔 직원이 존슨에게 특별한 것이라며 건네는 고기를 존슨이 맛보는 식인 행위가 선보인다.

현대성을 기표로 하는 호텔에서 보이는 르네상스(자코비안)와 카니발리즘의 연관성은 영국 투어 가이드를 통해서도 나타난다. 저녁 식사 테이블에서 그가 자신을 르네상스 베니스의 관광과 문화생산에 대한 진정한 권위자로 자청하며 훈제고기를 먹는 장면에서도 강화된다. 여기에서 식인행위의 주제도 드러나지만 자코비안 극이 섭취 가능한 음식으로 가공 처리되는 가능성도 기본으로 하고 있음을 암시한다. 여하튼 앞에서도 설명했지만 극에 나타난 공작부인에 대한 식인행위의 내용들이 영화에서 음식 처리과정에 비유되는 여러 장면에서도 일관되게 적용된다.

영화에서의 식인 모티브는 지하실에 걸린 사지라든가 인육을 먹는 호텔 직원의 모습을 보여주는 것 외에도 지하실로 향하는 인물들을 통해서도 엿볼 수 있다. 호텔 직원은 호텔 복도에서 서로 애무를 하는 한 커플을 때어내곤 그 여성을 강제적으로 지하실로 끌로 간다. 그 여성의 말로는 관객들이 유추할 수 있다. 이 여성 외에 도그마 영화를 다큐멘터리로 촬영을 하러 온 찰리 뷰(Charlee Boux)는 호텔 주방에 먹을 것을 찾으러 들어갔다가 여성의 비명을 듣고선 지하로 통하는 문이 열려 있던 차에 그 문으로 들어가게 된다. 곧 문은 닫히고 안에서는 남성 호텔 직원의 모습이 보인다. 그녀 또한 호텔 직원들의 식사용으로 살해됨을 상상할 수 있다. 이후에는 댄더핀 또한 지하로 내려간다. 앞 <호텔>의 서사 부분에서 잠시 언급했던 도그마 감독인 트렌트가 "attentive coma" 상태에 있었지만 메이드와의 성적 관계로 회복이 된 후 자신의 감독일을 대신 맡아 하던 댄더핀에게 으르렁거리며 서로의 감정을 보인 일이 있었던 후이다. 트렌트를 포함한 모든 이들이 마치 최후의 만찬을 연상시켜 보이는 식사 테이블에 앉아서 식사를 하지만 댄더핀은 홀로 술을 마시며 자신의 소지품을 어세신에게 넘겨주곤 지하실로 내려간다. 댄더핀은 자발적으로 식인 성찬식을 치르러 내려가는 듯하다. 재합일의 제의 형식을 가지려고 작정이나 한 듯 말이다.

피기스 감독은 웹스터 극에서 여성을 통제하려던 심리기제로 활용되었던 식인행위를 영화에서 모티브로 이용했으며 식인 자아의 재생산에 대한 주제 또한 보여주었을 뿐 아니라 과거의 렌즈를 통해서 가장 잔인한 자코비안 주제를 현재에 담아내려는 노력을 아끼지 않았다.

세련된 현대적 공간으로 상징되는 호텔에서 가장 야만적인 식인행위가 일어나는 것은 바로 야만과 문명 간의 차이가 없다는 몽테뉴의 담론을 입증하듯 호텔 직원들의 식인 자아를 보여주며 그들이 원시사회의 큰 공동체의 일원으로 회귀하고픈 사회적 정체성을 갈구하고 있음을 또한 그들이 고독한 개인의 정체성의 소유자임을 방증해 주는 결과다.

3. 말피 공작부인의 도플갱어

피기스의 <호텔> 영화에서는 웹스터 극의 말피 공작부인과 유사한 인물의 특성을 지닌 도플갱어가 몇몇 등장한다. 피기스는 근대 초기 공작부인의 억압과 반항의 측면을 연기하는 현상에 근간을 두면서 근대 초기 여성 혐오와 여성의 성 착취의 연관성을 영화에서 구현하고자 한다. 영화에서는 웹스터의 강한 여주인공의 도플갱어로 가득 차 있다. 애비셔는 카텔리와 로(Cartelli and Rowe)가 사용했던 "-역할"(-function)이나 "-현상"(-effect)과 같은 용어를 차용해서 "공작부인 현상"(Duchess effect)과 같은 용어를 사용했다(*Screening* 92; Cartelli and Rowe, 154). 애비셔는 용어 간의 차이를 두고 사용했지만 필자는 공작부인에 대한 근대 남성의 억압이나 성적 억압 그리고 이에 대한 그녀의 반항이라는 점에서 포괄적으로 적용되는 도플갱어 단어에 초점을 두고자 한다.

영화에서 말피 공작부인의 도플갱어로선 우선 앞에서도 언급했던 줄리아의 역할을 맡은 이사벨라 배우를 들 수 있다.

이사벨라는 영화 초반에서 감독에게 대사가 없다고 불평을 했던 인물이다. 극에서도 살펴보았듯이 추기경은 줄리아를 일회성 놀잇감으로 여기고 그녀를 독살시킨다. 극에서 그녀가 성적으로 착취를 당한 것처럼 영화 촬영장에서도 여배우들의 성적 착취 또한 마주하게 된다. 공작부인의 도플갱어로서의 그녀 역할은 말피 영화에서 그녀가 유일하게 배역을 맡은 장면에서 분명해진다. 감독으로부터 "get down, suck his cock."이라는 지시의 말을 듣고, 이사벨라는 추기경이 공작부인에게 재혼하지 말라는 대화를 하는 동안 그의 옷 밑으로 기어간다. 잠시 그녀는 자신의 입을 닦으며 밖으로 나오는 모습을 보인다. 그녀는 치욕스러운 감정을 느끼는 듯하다.

영화제작 동안 그녀는 무릎을 꿇으면서까지 연기를 해냈지만 <호텔>에서 남성의 응시를 받게 되는 공작부인의 입장으로까지 옮겨가게 된다. 그녀는 관객과 남성의 결합된 응시로 고립되고 성적화 된다(Mulvey, 21). 그녀는 리허설 장소에서 화를 내면서 나오던 중 클라우드(Claude)(Chiara Mastroianni)로부터 인사를 받는다. 그녀의 이름이 중성적이며 시가를 피우는 클라우드는 팰러스를 전유하는 신호를 보내며(Aebischer, *Screening* 93), 이사벨라의 아름다움을 칭찬하고 그녀에게 열정적으로 키스를 한다. 그러곤 클라우드는 이사벨라를 호텔의 지하실 통로로 데려간다. 이때 야간 비전(night vision) 카메라가 눈가리개를 한 이사벨라를 겁탈하는 클라우드의 모습을 비춘다. 여기에서 클라우드의 성적 성향은 공작부인과 시녀 카리올라 간의 동성애를 연상시킨다. 호텔 직원으로서 클라우드는 호텔의 손님을 유혹해 위반의 욕망이 숨겨져 있는 지하의 세계로 이사벨라를 이끄는 모습에서 여성 동성애로 기호화된다. 고전 할리우드의 영화는 여성 동성애를 재현해 보이는 것에 한계가 있었지만 <호텔>에서는 레즈비언 욕망을 억압적이고 어두운 지하의 공간에 위치 지운다. 특히 눈을 가리는 행위로 말이다. 결국 동성을 향한 위반의 욕망을 또 다른 형식, 즉 카니발리즘의 공간에 위치 지우는 것으로 동성애적 욕망을 재현하고 있다(Aebischer, *Screening* 93; Burns, 197). 영화는 공작부인 도플갱어를 이성애적으로 재현하는 데에서 공작부인 역할의 레즈비언 에로티시즘에 이르기까지 이동하며 이 과정에서 주변 인물들에게 일종의 권력을 부과하는 궤적도 보인다. 이를테면 클라우드가 주도적인 성 역할을 하면서 다른 여성을 그녀에게 성적으로 종속시키기 때문이다.

다음의 도플갱어는 그레타이다. 그레타는 <호텔>의 서사구조에서 언급했듯이 그녀는 말피 영화제작에 투자를 했던 보리스의 아내이다. 그레타는 보리스가 그녀에게 하는 신체에 대한 비판이나 그의 응시를 내면화하고 있다. 거울 앞에 서서 그녀의 몸을 살피는 그녀의 모습에는 남성의 여성 신체에 대한 억압이 담겨 있다. 말피 영화의 후원자인 남편 보리스가 영화 속의 배우들의 육체를 통제하듯이 아내인 그레타에게도 자신의 통제를 가한다. 하지만 앞뒤가 전도되고 위반의 성향을 가진 말피 공작부인의 특성을 반영하듯 그레타 또한 보리스의 사업 동료인 호크를 만나기로 한 곳에서 우연히 창녀를 만나기로 약속한 어세신에게 이끌려가 그와 섹스를 하게 된다. 창녀와 같은 빨강 드레스를 입었던 이유로 그러한 상황으로 몰리게 되었지만 그레타는 어떠한 저항도 없이 어세신을 따라가게 된다. 플롯의 인과관계가 모호하게 보일 수 있겠지만 이 또한 그녀의 잠재적인 위반의 행동을 유추하기에 충분하다. 피기스는 보리스를 '저속한 정치인'(sleazy politician)으로 인물 소개를 해두었으며 다른 정치인을 유혹하기 위해 그레타를 이용한다고 한다(*In the Dark* 71). 이를 보더라도 그레타는 남편으로부터 성을 조종당하고 통제를 받는 것 같다. 하지만 그녀는 어세신과의 관계에서는 성을 유희하는 듯한 분위기를 보인다. 애비셔는 두 여성이 서로 바뀐 상황은 결혼과 창녀 생활 간의 유사성을 제안한다고 해석하는데, 이는 극에서 결혼을 여러 번 하는 여성은 "창녀"(Whores)(1.1.292)에 불과하다는 퍼드난드의 말을 전제로 해서 나온 해석인 듯하다 (*Screening* 93-94).

마지막으로 공작부인의 도플갱어라 할 수 있는 인물은 호텔의 메이드(Valentina Cervi)이다. 피기스도 밝혔듯이 메이드는 이 영화에서 중요한 인물이며 영화가 진행되면서 그녀는 더 이국적이고 낯설며 성적인 인물이 된다(71). 애비셔는 그녀를 '반-초자연적인'(semi-supernatural) 인물로 평하기도 한다(*Screening* 97). 호텔 메이드는 영화 초반에 눈이 띄지 않은 채 호텔에 존재한다. 그녀는 코마 상태인 감독 트렌트가 누워 있는 병실에 들른다. 트렌트에게 혼잣말로 자신을 사랑했던 아버지의 죽음과 어머니의 뇌졸중으로 인해 호텔에서 일했던 어머니를 대신해 자신이 그 일을 하게 되었다는 말을 한다. 그녀에게 관심을 보이는 나이 든 남성들은 그녀의 아픈 엄마 때문에 그녀를 떠나고, 젊은 남성들은 그녀가 매력적이지 못하다고 생각해 떠난다고 말한다. 그들은 그녀가 거기에 없는 듯이 그녀 앞에서 자신들의 얘기를 한다고 한다. 그런 다음 미숙했던 호텔 일을 지금은 잘하게 되었고 호텔방에서 일어나는 모든 일에 대해서 자신이 다 잘 알고 있다는 비밀 얘기를 한다. 계속해서 "내가 마치 없는 듯이"(as if I were not there) 다른 메이드들이 그녀 앞에서 투숙객들과의 건전하지 못했던 얘기를 한다고 전한다.

다음 그녀의 독백에서는 남성들이 호텔방에 대한 환상을 가지고 있으며 메이드들과의 관계에서 그녀를 박애정신(a sense of philanthropy)으로 지켜본다고 말한다. 자신 또한 남성들의 욕망 어린 시선을 받아왔지만 그 누구도 사랑하지 않고 미워하지 않으며 정액 운반자로서의 남성들의 역할을 지켜볼 뿐이라 말한다.

그런 다음 마지막으로 자신은 여성으로서 보이지 않는 것을 잘 해낼 수 있으며 약간의 동요도 없이 남성들로 꽉 찬 방을 혼자 걸어 들어갈 수 있으며 자신의 성을 통제할 수 있다고 밝힌다(Figgis, *In the Dark* 123-33). 결국 메이드의 독백은 타자의 욕망의 응시와 자신의 욕망에 집중한다. 이러한 메이드는 영화에서 가장 흥미롭고 매혹적인 인물이며 그 인물의 '시각적 존재'가 영화 서사에서 '에로틱한 응시의 순간에 행동의 흐름을' 가장 두드러지게 '동결시키며', 어떠한 욕망도 흥분시키지 않는다(Mulvey, 19; Aebischer, *Screening* 98).

피기스는 말피 영화에서 공작부인과 그녀의 하녀 카리올라가 교살되는 장면을 보여준 후, 메이드의 독백을 배치한다. 분리된 스크린을 이용해 피기스는 우리에게 나란히 살해된 여성의 얼굴을 보여주는데, 이때 카리올라의 역을 맡은 미아 마에스트로(Mia Maestro)가 부른 슈베르트의 '*Der Doppelaganger*' (또 다른 나)의 노래가 나온다. 애비셔는 하인리히 하이네 (Heinrich Heine) 시인의 가사에서는 화자가 오래전에 길게 느낀 그 고통의 흔적이 있는 끔찍하고도 창백한 또 다른 나와 마주하게 된다는 이야기가 있다고 밝힌다(*Screening* 98).

> 밤은 조용하고 거리도 조용하다
> 이 집에 나의 애인이 살고 있었다.
> 그녀는 오래전에 이 거릴 떠났지만
> 집은 여전히 그대로다.
> 그곳에 또 하나의 인간이 가만히 위를 쳐다보면서
> 고통으로 두 손을 비비며 서 있다.
> 그의 얼굴을 보자 나는 소름이 돋는다.
> 달빛이 나에게 내 모습을 비춰준 것이다.
> 내 그림자여 새파래진 친구여
> 왜 너는 지난날 밤마다
> 오래전 여기서 나를 괴롭힌 사랑의 슬픔을
> 흉내 내는가?

Still ist die Nacht, es ruhen die Gassen,
In diesem Hause wohnte mein Schatz;
Sie hat schon längst die Stadt verlassen,
Doch steht noch das Haus auf demselben Platz.

Da steht auch ein Mensch und starrt in die Höhe,
Und ringt die Hände, vor Schmerzensgewalt;
Mir graust es, wenn ich sein Antlitz sehe, -
Der Mond zeigt mir meine eigne Gestalt.

Du Doppelgänger! du bleicher Geselle!
Was äffst du nach mein Liebesleid,
Das mich gequält auf dieser Stelle,
So manche Nacht, in alter Zeit?

The night is quiet, the streets are resting,
In this house my loved one used to live,
She left the town long ago,
But the house still stands on the same spot.

There, also, stands a person who is staring upwards
And writing his hands with the power of his pain,
I am horrified when I see his face-
The moon shows me my own shape.
You Doppelganger! You pale fellow!
Why do you ae my woe of love,
Which used to torture me in this place,
So many a night, long ago? (Robert Samuels, 197-98)

Der Doppelaganger(또 다른 나)는 하이네의 시에 곡을 붙인 것으로 연가곡집 "백조의 노래"(Schwanengesang, 'swan song')(1828)에 수록된 노래이다. 14곡 중 8곡에서 13곡까지가

하이네의 시를 노래로 작곡했다. *Der Doppelaganger*(또 다른 나) 곡명의 주제는 사랑하던 이를 떠나보낸 자의 사랑에 대한 슬픔이라 할 수 있다. 화자는 오랜 세월 후 고향으로 돌아온다. 밤 시간에 옛 연인이 살았던 집으로 가 서 있던 중 창문 밑에서 고통스러운 얼굴을 한 한 형상을 보게 된다. 그는 이 유령을 다름 아닌 그의 분신으로 인식한다(Samuels, 196).

또 다른 나 혹은 분신의 뜻을 가진 도플갱어란 단어는 독일 소설가 장 파울(Jean Paul)의 『지밴캐스』(*Siebenkäs*)(1796)에서 처음 나온 후 문학에서 사용되었다. 프로이트의 '두려운 낯섦'의 언캐니(uncanny)의 감정이 도플갱어의 기저에 깔려 있으며 "도플갱어의 모습으로 형상화된 억압된 것의 회귀, 동일한 것의 반복, 자아의 분열"과 같은 요인을 내포하고 있다(유현주, 332-34). "도플갱어 현상은 타자가 되어 버린 자신의 모습을 목격하는 것이며, 우리의 심층에 거주하는 무의식적인 실제의 현현인 셈이다. 억압된 나의 무의식이 투사된 분신이 도플갱어이며 벗어나고픈 공포의 원인이 나의 내부에 존재한다는 것이다"(유현주, 337).

슈베르트의 노래에서 자신의 도플갱어를 발견하고 괴로워하는 화자 또한 사랑했던 연인의 상실에 대한 슬픔이 억압된 상태이다. 그 도플갱어는 그의 주체가 분열된 모티프이며 반복적으로 회귀하는 이미지를 띤다. 노래의 형식에서도 이러한 이미지가 반영되어 두 부분으로 나뉘어 불협화음을 이룬다 (Samuels, 209).

다시 피기스의 영화 속 메이드에 대한 얘기로 돌아가 보자. 이 노래 가사는 영화에서의 앞뒤가 전도된 주제의 사용과 연결된다. 이를테면 화자의 과거는 그의 고통을 절정에 이르게 하며 갑작스럽게 그로 하여금 현재를 직면하게 한다. 피기스는 교살된 공작부인과 그녀의 하녀인 카리올라가 죽어 나란히 누워 있는 장면을 보여준 후 카메라는 수로의 양쪽 풍경을 나란히 동시에 보여주면서 앞으로 전진한다. 도플갱어의 이미지를 보여주는 셈이다. 하이네 시에서의 도플갱어 모티프와 영화에서의 도플갱어 이미지가 상호적으로 접점을 이루는 것은 웹스터의 말피 공작부인이 앞뒤 전도된 방식으로 영화에 설정된 숨겨진 거울로서 기능하며, 남성의 응시 방향을 통한 여성의 성에 대한 그들의 통제 이데올로기적 지배 장치가 계속해서 작동하고 있음을 밝히는 데 있다(Aebischer, *Screening* 99).

도플갱어의 노래가 나오며 나이트 비전을 사용한 카메라가 다리 밑 수로를 따라 움직일 때 스토켄의 병실로 들어가는 호텔 메이드의 모습이 보이고 화면은 차차 밝아진다. 현대의 메이드의 모습을 근대 초기에의 메이드인 카리올라와 그녀의 파트너인 공작부인과 음악의 주제로 연결시키는 셈이다. 피기스 감독은 메이드를 궁극적인 공작부인의 역할로 만드는데, 즉 남성의 통제 응시에 대한 끔찍한 두 희생자의 도플갱어로서이다.

"키틀러에 따르자면, 영화라는 매체 자체에 이미 도플갱어적인 반복과 복제의 원리가 내재해 있으며, 따라서 영화를 보는 행위는 우리 내부에 억압되어 있던 친숙한 것을 타자로서 목격하는 행위에 다르지 않다. 따라서 도플갱어가 등장하는 영화는 영화 스스로의 복제 메커니즘에 대한 자기 관련적인 성찰이 된다"(유현주, 재인용 345)는 주장에서 보듯이 호텔 메이드는 남성의 통제적 응시에 희생되었던 공작부인의 무의식이 투사된 타자인 도플갱어다. 남성 통제로부터 억압된 것의 회귀, 동일한 억압의 반복 및 공작부인의 무의식이 투사된 분신이 바로 메이드인 도플갱어다.

남성의 통제적 응시의 관점에서 보았을 때 코마 상태에 있는 스토켄에겐 적용이 되지 않는다. 스토켄과 메이드 사이에선 호텔 메이드의 응시가 지배적이다. 메이드 외에도 호텔의 여성 직원이나 카리올라의 배역 여배우 또한 코마 상태에 빠진 스토켄의 병실을 방문해 스토켄을 응시하곤 한다. 근대 초기의 억압적인 남성의 응시에 복수를 하듯 그들의 응시는 강하다. 메이드의 모습은 빨간 프레임의 야간 비전으로 보인다. "왜 내 몸이 그에게 관심을 가질까? 인간의 육체는 왜 그 밖의 사람들에게 관심이 가져질까?"(Why should my body be interesting to him? Why should any human body be interesting to anyone else?)(Figgis, *In the Dark* 184)라며 계속해서 혼잣말을 하면서 옷을 차례차례 벗고선 그의 육체로 올라간다. 그녀는 전에 만났던 남성이 그녀에겐 전혀 흥미를 느끼지 못했던 일반적인 방식으로 그녀와 성관계를 맺고 싶어 했다는 얘기도 해가면서 스토켄에게 스킨십을 시작한다. 입술에 키스를 하고선 그녀의 젖가슴을 그의 입에 넣자 스토켄은 눈을 뜨고 몸을 반쯤 일으켜서 그녀의 가슴에 안긴다.

메이드가 스토켄에게 자신이 만났던 남성의 얘기나 스토켄에게 했던 행동을 보았을 때, 그녀는 두 남성에 대해선 전적으로 통제의 입장을 취한다. 그녀와 성관계를 하려 했던 그 남성의 태도에서 그녀가 오히려 더 요구하는 모습을 보이는가 하면 혹은 그녀가 트렌트에게 그녀가 그를 내내 보자 그도 그녀를 보았다고 말하는 곳에서 알 수 있다(Figgis, *in the Dark* 185). 스토켄의 눈이 번쩍 뜨이고 그의 얼굴이 카메라로 향하면서 천천히 몸을 일으켜 그녀를 포옹하는 데서, 호텔 메이드가 응시를 지시하는데 책임 있어 보이며 남성을 통제하는 입장에 있는 것으로 보이기에 이 시점에서는 중요한 상호 텍스트가 구성된다. 이 순간에 그녀는 눈을 뜬 스토켄과 관객들의 응시 대상이 된다. 그녀가 그녀의 욕망을 얘기할 때, 우리가 본 것은 그녀의 매혹적인 육체다. 수잔 펠만(Susan Felleman)은 주체와 대상, 보는 자와 보이는 자 간의 경계가 완전히 허물어진 결과이며, 그녀는 응시의 주체로부터 성적 대상과 유혹하는 여성으로 바뀐다(144; Aebischer, *Screening* 100)고 해석한다.

메이드는 그녀의 성적인 측면과 서사 부분에선 절정에 이르렀다 할 수 있다. 응시의 주체와 대상 간의 경계가 흐려지고 상호 간의 욕망을 응시하게 된다. 스토켄의 눈을 뜨게 하고, 그를 회복시키게 한 능력에 대해선 웹스터 극에서의 말피 공작부인의 능력과 연관 지을 수 있다. "말하는 동안 상대에게 너무도 상량한 표정을 지어/ 죽은 듯이 마비되어 누워 있는 자도 갤리어드에 맞춰/ 춤을 추고, 그 아름다운 얼굴에 넋이 빠지게 될 걸세."(She throws upon a man so sweet a look,/ That it were able raise one to a galliard/ That lay in a dead palsy, and to dote.)(1.1.186-88)라고 말한 곳에서 공작부인이 누군가를 소생시키는 능력을 가진 인물로 평가하는 안토니오의 말을 떠올리게 된다. 애비셔는 호텔 메이드의 욕망적 응시와 스토켄과의 상호성으로 말미암아 영화감독이자 개심한 상태에서 모든 것을 지켜보고 있었던 스토켄 인물이 일어나게 되었다고 한다(*Screening* 100). 결국 메이드의 이런 놀랄 만한 행동은 말피 공작의 도플갱어의 결과로 볼 수 있다. 호텔 메이드가 거주하는 세상에서, 남성의 응시 문제는 그녀가 지켜보고 있을 때, 감시받는 한 여성의 욕망으로, 즉 그녀가 문제로 간주했던 바로 그 응시는 그녀의 욕망으로 해결된다.

메이드가 호텔에서 보이게 되는 동료들과의 인육 식사의 행동이나 동료 클라우드와의 관계에서 이상한 점을 발견하게 되지만 결국 스토켄과의 관계에서 그녀는 이성을 사랑하는 인물로 규정된다. 애비셔는 영화가 관객의 관심을 응시의 문제에 초점을 두면서, 스토켄과 메이드의 장면이 '죽은 듯이 마비되어 누워 있는 자도' 살려내는 말피 공작부인의 욕망과 힘을 반영해 주는 진입점이라 강조한다(*Screening* 101). 하지만 영화에선 여성이 남성 응시의 에로틱한 대상으로 여전히 남아 있다고 구조적인 문제를 제기한다. 호텔에서의 여성 간의 성적 장면을 보더라도 영화 구성에 내재적으로 각인된 남성 응시는 전적으로 배제가 안 된다. <호텔>에 내재된 남성 응시에 대한 비평은 호텔 메이드의 말에서 압축되는데 그녀의 말은 영화에서 단지 몇 마디에 불과하다. 하지만 그녀의 대사는 바로 피기스가 작성한 말에 해당한다는 게 우연의 일치가 아님을 밝힌다(Figgis, *In the Dark* 184-85). 애비셔 또한 그 감독의 통제적인 남성 응시의 비평은 감독 그 자신의 말을 복화술한 것이며, <호텔>에선 어떤 여성 주체도 공작부인이든 메이드든 실제로 성적 자율성을 얻지 못한다고 서술한다("Shakes pearean Heritage", 301-2).

3

지금까지 피기스가 웹스터의 『말피 공작부인』에서 차용한 여러 주제를 중점적으로 살펴보면서 영국 근대 초기 드라마에 내재된 현재성을 탐색해 보았다. 우선 <호텔>에선 현대적 자코비안 특성이라 할 만한 주제가 두드러진다. 이를테면 극이 암시했던 여성의 성 억압이나 식인 문화(카니발리즘) 및 도플갱어와 같은 주제는 앞뒤가 전도된 현대적 특성이다. 피기스는 자코비안 극인 『말피 공작부인』에 내재된 이러한 현재의 가치와 사유 담론을 실험적으로 재현했다. 피기스는 말피 공작부인이 성을 통제받고 억압당한 극의 주제를 <호텔>에서의 이사벨라와 그레타에게 적용해 이러한 주제를 더 부각시킨다. 남성의 응시 방향으로 노출된 여배우들의 육체와 성이라든가 성의 착취와 소비에 나타난 장면을 화면기법을 이용해 화두를 던진다. 말피 영화 촬영 장소에서 보이는 말피 공작부인을 향한 가부장적 남성의 억압적 응시와 공작부인에게 내재된 그녀 자신의 성적 욕망이나 자율성은, 영화 촬영팀에서의 트렌트와 조나산의 갈등으로 사고를 당한 트렌트와 호텔 메이드 사이에서 일어나는 성적 장면이나 응시에서 도전적인 주제로 표현된다.

여성의 성에 대한 고찰 외에도 피기스는 극에 내재된 식인 담론에 초점을 둔다. 피기스는 극에서 재현된 식인행위를 영화에서 심층적으로 다룬다. 식인 모티브는 호텔 지하실에 걸린 사지라든가 인육 식사를 하는 호텔 직원의 모습에서 보이는 것과 더불어 지하실로 향하는 몇몇 인물들의 행동을 통해서도 상상할 수 있다. 피기스 감독은 현대적 공간으로 상징되는 호텔에서 일어나는 야만적인 식인행위를 통해 과거로부터 식인 자아가 재생산되고 있음을 보여주려고 한다.

마지막으로 피기스는 웹스터 극의 말피 공작부인의 '또 다른 나'인 그녀의 도플갱어에 초점을 맞추었다. 배우 이사벨라, 그레타, 클라우드 및 호텔 메이드가 있다. 이사벨라는 억압적인 남성의 응시를 견디어야 했지만 그레타는 남성의 억압을 겪는 동시에 자신의 욕망을 표현하는 과감성도 지녔다. 극에서의 공작부인의 이성애와 동성애적 특성은 클라우드에게서 엿볼 수 있으며, 호텔 메이드에게는 남성 통제로부터 억압된 것이 회귀하고, 동일한 억압이 반복되며, 공작부인이 무의식으로 투사한 타자를 향한 욕망이나 자신의 욕망이 고스란히 되돌아온다. 메이드에게서 가장 강렬하게 각인된 공작부인의 성향을 엿볼 수 있다. 하지만 결론적으로 말해 그 어떤 여성도 남성의 응시로부터 자유롭지 못하다고 할 수 있다.

언급했듯이 피기스 감독은 근대 초기 『말피 공작부인』에서

현대적 자코비안적 특성을 탐색해 <호텔>에서 이를 잘 반영
했다. 근대 초기 자코비안 드라마는 이렇듯 시대를 앞선 주제
를 담고 있으며 여러 각도에서 현대적 의미로 각색이 되며 전
유할 수 있는 잠재적 가능성이 많다. 앞으로 이러한 작업이
영문학의 외연 확장에 크게 이바지하리라 믿는다.

인용 문헌

강석주·임성균 역. 『말피 공작부인』. 파주시: 한국학술정보, 2006.

박옥진. 「『말피공작부인』의 인물연구: 말피공작부인을 중심으로」. 『영어영문학연구』 38. 1 (2012): 63-82.

유현주. 「도플갱어 -주체의 분열과 복제, 그리고 언캐니-」. 『독일언어문학』 제49집 (2010. 9): 331-350.

정해룡. 「존 웹스터의 사회비판의식-『말피공작부인』을 중심으로」. 『영어영문학21』 27.3 (2014): 169-192.

조재희. 「『말피공작부인』에 재현된 포스트-휴머니즘」. 『영미어문학』 131 (2018): 163-181.

Aebischer, Pascale. *Jacobean Drama: A Reader's Guide to Essential Criticism*. Basingstroke: Palgrave, 2010.

___. *Screening Early Modern Drama Beyond Shakespeare*. New York: Cambridge UP, 2013.

___. "Shakespearean Heritage and the Preposterous Contemporary Jacobean Film: Mike Figgis's *Hotel*." *Shakespeare Quarterly*. 60.3 (2009): 279-303.

Burns, Bonnie. "*Dracula's Daughter*: Cinema, Hypnosis, and the Erotics of Lesbianism." *Lesbian Erotics*. Ed. Karla Jay New York and London: New York UP, 1995. 196-211.

Cartelli, Thomas and Katherine. *New Wave Shakespeare on Screen*. Cambridge: Polity P, 2007.

Felleman, Susan. "Dirty Picture, Mud Lust and Abject Desire: Myths of Origin and the Cinematic Object." *Art in the Cinematic Imagination*. Austin: U of Texas P, 2006. 140-157.

Figgis Mike. *Digital Film-Making*. London: Faber and Faber, 2007.

_____. *In the Dark*. London: Booth-Clibborn Edition, 2003.

Guest Kristen. "Introduction: Cannibalism and the Boundaries of Identity." *Eating Their Words: Cannibalism and the Boundaries of Cultural Identity*. Ed. Kristen Guest. New York: State U of New York P, 2001, 1-10.

Haber Judith. *Desire and Dramatic Form in Early Modern England*. Cambridge: Cambridge UP, 2009.

Hotel, Dir. Mike Figgis. Perf. Saffron Burrows and Salma Hyek. MGM Home Entertainment, 2002. DVD.

Jay Karla. "On Slippery Ground: An Introduction." *Lesbian Erotics*. Ed. Karla Jay New York and London: New York UP, 1995. 1-11.

Kilgour Maggie. "The function of cannibalism at the present time." *Cannibalism and the Colonial World*. Eds. Francis Barker, Peter Hulme, and Margaret Iversen, Cambridge: Cambridge UP, 1998. 238-259.

McCannell Dean. *Empty Meeting Grounds: The Tourist Papers*. London: Routledge, 1992.

Mulvey Laura. *Visual and Other Pleasure*. Blooming: Indiana UP, 1989.

Samuels Robert. "The Double Articulation of Schubert: Reflections on *Der Doppelgänger.*" *The Musical Quarterly*. 93. 2, Summer (2010): 192–233.

Traub Valerie. *The Renaissance of Lesbianism in Early Modern England* Cambridge: Cambridge UP, 2002. 158-87.

Webster, John. *The Duchess of Malfi and other plays*. Ed. Rene Weis. Oxford UP. 2009.

Whigham Frank. "Sexual and Social Mobility in *The Duchess of Malfi*." *PMLA* 100 (1985): 167-86.

제3장

『복수자의 비극』의
영화 각색과 전유

자먼(Derek Jarman)과 피기스(Mike Figgis) 감독에 의해 저평가된 말로와 웹스터의 자코비안 극이 현재의 체제 저항이나 과격성과 새롭게 공조되어 현대 자코비안 영화로 각색되고 전유되어 온 것을 보았다. 콕스(Alex Cox) 또한 자먼과 피기스 감독에 못지않게 할리우드 영화 중심에서 벗어난 독립영화 감독으로서 자신만의 영화 비전에 충실했다. 콕스의 <복수자 비극>은 2001년 리버풀에서 제작되어 미국의 9/11 사건이 일어날 즈음에 편집된 후 2002년에 상영되었다. 콕스는 토마스 미들턴(Thomas Middleton)의 자코비언 『복수자의 비극』(*The Revenger's Tragedy*)(1607) 텍스트를 21세기 초반에 각색의 수단으로 사용해 <복수자 비극> 영화를 탄생시킨다. 국왕 시해와 같은 주제 선택을 주저하지 않았던 미들턴 극작가나 <에드워드 2세>의 자먼 감독과 마찬가지로 콕스 또한 정치적 급진주의자다. 콕스는 <복수자 비극> 외에 <레포 맨>(*Repo Man*)(1984), <시드와 낸시>(*Sid and Nancy*)(185) 및 <행자>(*Walker*)(1987)에서도 사회비평의 주제를 다루었다. 애비셔(Pascale Aebischer)는 콕스가 자신을 자먼의 후계자로 생각하지 않지만 근대 초기 극을 펑크스타일과 조합시키려는 측면에서 자먼과 유사성이 있다고 주장한다(*Screening* 105). 콕스는 옥스퍼드에서 법학 학위를 마치고 1977년 UCLA에 영화를 공부하러 영국을 떠났다. 콕스는 색다른 주제를 표현하고자 하는 영화의 길을 걸었으며 다양하고도 '무정부주의적인' 특성의 영화를 제작했다. 앞서 언급된 영화와 더불어 <복수자 비극>에서도 반-미 성향과 아방가르드적이거나 무정부주의적인 미학을 영화에 이입시킨다. 쿡(Patrick J. Cook)은 콕스의 <복수자 비극>이 근대 초기의 비-셰익스피어 영화 각색이라는 드물고도 환영받을 만한 영화의 확장이라는 이유에서뿐 아니라, 4세기 전의 극 관행을 기본으로 한 작품을 다양한 혁신적인 방식을 사용해 영화 매체 안으로 통합시킨다는 점에서 충분한 관심을 받을 만하다고 주장한다(85). 4세기 전 극작가 미들턴의 권위와 제도에 대한 도전 정신은 콕스의 진보적이고 혁신적인 영화 기법으로 나아간다. 도덕과 공적 처벌의 부재, 공권력 불신, 종말론적 분위기 등의 다층적인 의미를 내포한 미들턴의 도발적 주제는 콕스의 영상작업으로 현재성을 담보하게 된다.

이 장에서는 미들턴의 자코비안 극에서 재현된 타락적이고 폭력적인 도전적 극적 내용과 기법이 콕스의 영화에서는 어떤 방향으로 어떤 식으로 진보되었는지 살펴보고자 한다. 이를 통해 필자는 자코비안 『복수자의 비극』의 극이 더 포스트모던한 특성을 가진 극임을 반증하게 되고 자코비안 극이 단순한

과거의 극이 아니라 현재를 위한 극이며 영국 근대 드라마의
외연 확장에 큰 이바지를 한다고 본다.

영화 분석에 들어가기 전 미들턴의 극을 잠시 살펴보자면 다음과 같다. 자신의 약혼녀 글로리아나(Gloriana)를 겁탈하려다 실패한 공작(Duke)이 그녀를 독살해 죽인 사건에 복수하기 위해 빈디체(Vindice)는 동생 히폴리토(Hippolito)의 도움을 받아 공작의 집에 신분을 속이고 가장해 들어간다. 공작의 세 아들인 루수리오조(Lussorioso), 암비시오조(Ambitioso), 수퍼바쿠오(Supervacuo) 그리고 서자인 스푸리오(Spurio)를 서로서로 반목하게 만들고 종국엔 독이 묻은 글로리아나의 해골을 이용해 공작을 살해한다. 한편 공작과 대립관계에 있는 늙은 영주 안토니오(Antonio)의 아내가 공작의 막내아들인 주니어(Junior)에게 강간을 당해 자살한다. 빈디체는 공작의 뚜쟁이 피아토(Piato)로서 어머니인 그라티아나(Gratiana)를 설득해 자신의 여동생 카스티자(Castiza)에게 매춘을 하도록 유혹한다. 이렇듯 『복수자의 비극』은 성적으로 타락한 지배층 권력자에게 복수를 한다는 빈디체의 전복적인 욕망이 저변에 깔려 있는 극이다. 이러한 미들턴의 전복적인 사고는 콕스 감독으로 옮겨져 와 새로운 도전의 아방가르드적인 영화로 바뀐다. 필자는 단순한 지구 종말론적인 해석이 아니라 미들턴이 과거에서부터 재현했던 지배 권력의 부패성이 현대에까지 진행 중인 역사를 고찰하고자 한다. 콕스는 미들턴의 극을 영화화한 이유를 다음과 같이 밝힌다.

『복수자의 비극』을 영화로 제작하고 하고 싶었다. 이런 과정에서 미들턴의 다른 비극도 접했다. 나는 웹스터, 그리고 다른 자코비안 극작가들을 접하게 되었다. 그들의 글 또한 현대적인 면이 있어 보였는데 거기엔 이유가 있었다. 제임스 왕의 재임 시에 왕의 권력의 고삐가 느슨했음을 알았다. 그가 최고 전성기의 영국을 물려받았지만... 새 왕은 [전임자들]에 비해 통제를 덜 하는 인물이었다. 극장은 이미 독창적이고 혁신적이었고, 관객을 흥분시키기 위해 여성을 흉내내는 인물과 과도한 폭력을 의존해 점점 더 반란적이고 인습 타파주의적인 경향을 띠고 있었다. 사람들이 이러한 극을 좋아했는데 그들의 행동이 그들이 살았던 불안정한 사회, 즉 귀족들의 타락, 전쟁 및 경쟁적인 종교로 빚어진 사회를 반영해 주었기 때문이다. 그것은 우리 자신의 세계와도 같았다.

I wanted to make The Revenger's Tragedy into a feature film. In pursuit of this I read Middleton's other tragedies, and got to know his remarkable contemporary, Webster, and the other Jacobean playwrights. Their writing, also, seemed completely modern; there was a reason for this. The regime of James I saw a loosing of the reins of power. Though he had inherited the first English super-state-church and monarchy consolidated, with a powerful network of spies-the new king was less of a control freak than his mother, or her dad. The theatre, already original and innovative, relying on female impersonators and hyper violence to excite the audience, became increasingly rebellious and iconoclastic. People enjoyed these plays because their wild action reflected the unstable world that they inhabited: a world riven by aristocratic corruption, wars, and competing religions, along with the shocking rise of new venereal diseases. It was a time very like our own. (*X Film*, 246)

제임스 1세 재임기(1566-1625)가 "우리 자신의 세계와도 같다."는 콕스의 인식은 그의 영화에 고스란히 적용된다. 이러한 영화의 주제는 콕스가 배역을 정하는 데 있어서도 적용되어 현지인 배우가 주를 이룬다. 빈디치 역은 크리스토퍼 에클스턴(Christopher Eccleston), 공작은 데릭 자코비(Derek Jacobi), 공작부인은 다이애나 퀵(Diana Quick), 루수리오조는 에디 이자드(Eddie Izzard), 카를로(Carlo) 역엔 앨랜 스코필드(Alan Schofield), 수퍼바쿠오엔 마크 워렌(Marc Warren), 암비시오조는 저스틴 셀린저(Justin Salinger), 스푸리오는 프레이저 아이레스(Fraser Ayres), 카스티자는 칼라 헨리(Carla Henry), 이모겐은 소피 달(Sophie Dahl)이 맡게 되었다. 이 외에 콕스는 빈디체 이름의 단수형 Vindice를 빈디치(Vindici)의 복수형으로, 그리고 제목도 Revenger's 단수에서 이탈리아어의 복수인 Revengers'로 바꾼다(Lehman, 218). 이젠 콕스 영화의 주제로 넘어가 보고자 한다.

1. 리버풀의 억압적 역사와 그것의 현대적 반영

콕스는 미들턴의 권력부패 고발이라는 주제를 리버풀에서 로케이션 한다. 리버풀은 콕스가 재현하고자 했던 귀족들의 타락과 그것에 대한 저항을 표출하는 데 역사적으로 적합한 도시였다. 리버풀은 과거 제국주의자들의 인종차별과 신분차별이 있었던 곳이며 현재에서도 이러한 점들이 지속되고 있는 장소다. 과거 리버풀은 18세기 무렵 미국과 서인도제도와의 교역으로 부흥했던 항구도시다. 아프리카 노예를 교역했던 곳이며 아일랜드 이민자들이 많이 정착을 해서 빈부격차가 심했다. 제2차 세계대전 당시 독일의 폭격을 심하게 받았으며 전후엔 도시 재건사업으로 도시가 형성되었다. 1950년대와 60년대에 리버풀은 문화 혁신의 탄생과 새로운 젊은이들의 아이콘이 되었다. 리버풀 공연자들은 도시를 '재미있고, 강인하고, 평등주의적인'(funny, tough, egalitarian) 분위기로 채웠다. '용감한 새로운 리버풀'(brave new Liverpool)이기도 했던 도시는 1970년과 80년대 국제경기 후퇴로 오래된 산업이나 새로운 산업이 큰 타격을 입게 되었다. 도시는 낙후되고 실업률이 높았으며 이 와중에 과거 인종차별이 있었던 이 도시는 1990년대에 도시 재생사업으로 전통과 현대적 비전이 공존하는 21세기 영국 도시 르네상스의 선도가 되었다(Jon Murden, 393-95).

리버풀 도시가 지녔던 제국주의나 자본주의의 다층적인 역사는 콕스의 영화에 고스란히 담긴다. 리버풀 도시의 촬영은 우선 대본과 캐스팅에서부터 지역성이 드러난다(Lehmann,

203). 영화에서의 이러한 지역성은 1980년 후반부터 시작되었던 영국의 국가적이고도 지역 정체성을 띠는 영화제작 환경에서 엿볼 수 있다. 침체한 지역 경제의 부흥 일환에서 나오게 된 지역영화제작 지원이 있었다. 지역예술 위원회(RABs: Regional Arts Boards)의 창업으로 기반을 닦아 1995년 이후, 전국 복권(National Lottery)으로부터 자금 지원을 받아 영국 영화산업을 분권화하고 셰필드(Sheffield), 글래스고(Glasgow) 및 리버풀과 같은 도시에 지역산업을 육성하게 했다(Julia Hallam, 264-65). 이러한 취지에 따라 콕스는 영화 주제 대본은 리버풀의 작가인 프랭크 코트렐 보이스(Frank Cottrell Boyce)의 것으로, 대부분의 배우, 엑스트라 및 직원은 지역민으로 섭외했다. 특수효과 또한 리버풀을 기반으로 한 그래픽 회사에 일이 맡겨졌는데 그 도시의 초보 영화산업과 그 지역 경제의 발전을 후원하는 데 목표를 두었다.

리버풀 도시의 역사적 굴곡은 영화에 반영된다. 성자의 이미지 앞에서 유물을 보살피며 촛불을 켜고 있는 늙은 여성들로 가득 찬 지하 묘지는 아일랜드 이민자의 후손들로서 로마 가톨릭 신자가 많음을 보여주고 동시에 도시 내부에서의 종교적 분리가 있음을 암시한다. 1821년과 1851년 사이에 아일랜드계 출생자들의 숫자가 늘어나 리버풀 인구가 두 배가 되었다(Sara Cohen, 16). 아일랜드계 외에 유태인, 중국인 및 여러 이민자들이 도시인구를 형성했기에 다양한 문화적 현상을 초래했다(Cohen, 23). 레만의 주장대로(203) 촬영 장소를 리버풀로 정한 것은 미들턴 극의 봉건적 문화에서 후기 종말론적인 주제를 촬영하기에는 이상적이다. 로열 리버 빌딩(Royal Liver building)이나 도시의 하류층이 거주하는 부둣가(Central Docks), 혹은 부둣가와 로열 리버 빌딩 간의 대조가 두드러진다. 콕스는 이와 같은 건축적 랜드마크를 사용해 미들턴 극에서의 극복할 수 없는 계급 분리(차이)를 재현하고자 한다.

이러한 콕스의 의도는 영화의 다른 건물에서도 반영된다. 이를테면 세인트 조지 홀(St George's Hall)은 1850년경 영국 제국의 번창기에 세워진 높은 구조물로서, 당시 리버풀의 항구 제국의 힘의 수호자로 여겼다. 하지만 콕스가 그의 웹사이트에서 말했듯이 이와 같은 건물은 "큰 성당의 그늘에서 성냥을 파는 고아들"이 존재하는 현실의 일상에서부터 "자본주의" 경제 시스템에 이르기까지의 불가분의 관계를 상징하며, 이러한 랜드마크 옆에서 촬영을 했던 배우들에게는 지울 수 없는 마음의 상처를 남기기도 했던 곳이라고 주장한다. 또한 그러한 촬영 장소의 병치는 "회원만"을 위한 클럽이나 세계경제로 알려진 선진 "국가"의 정체에 내재된 분열을 상징하기도 한다고 지적한다(203-4).

도시의 버려진 창고와 건물은 마거릿 대처(Margaret Thatcher)와 존 메이어(John Maior)하의 보수당 통치 동안 도시가 겪은 경제적 박탈에 대해 말해 주는데, 그때 리버풀의 실업은 37퍼센트까지 내려갔고 도시 자산의 15퍼센트가 버려지거나 비게 되었다. 보수당의 강경한 시장 중심의 경제정책으로 공기

업은 민영화를 거치고 이로 인한 실업은 흑인을 희생양으로 삼 았다. 인종 간의 갈등은 인종차별, 사회적 박탈, 약탈, 방화, 갱 들의 문제에까지 이어졌다(Misselwitz, 115; Murden, 442). 리 버풀 노동자들의 고통은 카스티자의 초라한 집을 통해서 암시 된다. 리버풀의 노동계급자들이 받게 되는 경제적 역경을 말하 는 것이다. 그들의 고통은 항구에서 폐쇄된 머지 부두(Mersey Dock)의 모습에서 가난한 이들의 게토에 이르기까지 이어진다. 리버풀에서 주로 머지사이드(Merseyside) 지역이 경제적 타격 으로 큰 고통을 받았다(Murden 428). 카스티자가 사는 집의 특 징은 공작과 루수리오조의 저택과는 실내 인테리어나 집에서 품어 나오는 온기마저도 다르게 느껴져 큰 대조를 이룬다. 한 편 형편없이 장식된 카를로의 방, 그리고 그 방에는 대주교 오 스카 로메로(Oscar Romero)의 문구 '내 동포들의 자유를 위해 내가 죽나니'가 붙어 있다. 애비셔는 빈디치 가족이 라틴 아메 리카 마르크시스트의 자유 신학의 저항 정치기조를 가진 인물 들임을 이 문구가 보여준다고 설명한다(Screening 119). 바로 빈디치의 가정이 이민자이며 가톨릭 신자이며 리버풀의 하층 노동자 계급이다.

<복수자 비극>에서는 빈디치의 하층계급의 배경과 더불어 리버풀의 명소인 축구장과 경마장도 영화의 주제와 많은 연관 성이 있다. 콕스는 자금이 충분하지 않았기에 실제 풋볼 경기 장에서 영화를 촬영 못 했다(X Film, 264). 그런 이유로 콕스 는 테이블축구게임을 무대로 활용했고, 영화에서 반복해 나오

는 장소 중 하나인 머지사이드에 있는 에인트리(Aintree) 경마장을 많은 내용과 결합시킨다. 공작이 그의 종말을 맞게 되는 로열박스(Royal Box)는 여왕의 모친이 경마 대회를 전통적으로 관람했던 박스에 꽤나 잘 어울리며, 왕실의 취향을 지역 스포츠 대회 안으로 수용했다. 콕스는 리버풀의 물리적 공간을 대체 사용해서 과거와 현재를 이어갔다. 에인트리 경기장이나 리버풀의 축구 문화는 세간의 이목을 끌었다. 영화에서는 개인 박스에서 남성들이 테이블축구게임을 응원하는 동안, 에인트리 터널에서 주니어가 안토니오의 부인 이모겐을 강간하는 장면이 설정된다. 콕스는 성적인 폭력을 풋볼과 연결시키고, 그들이 기리는 '스포츠'와 폭력 간의 등가성을 강조한다. 이는 주니어도 빈디치도 장난 어린 말로 경기장은 'score' 하기 완벽한 장소라 하는데 성적인 이미지를 반영한 말이다. 축구와 폭력 간의 관련성은 빈디치가 지역 젊은이들로부터 공격을 받았던 영화의 앞 장면에서도 볼 수 있다(Aebischer *Screening* 120). 스포츠와 폭력 간의 관계성은 리버풀의 전통을 지닌 축구경기에 대한 불미스러운 역사에서도 볼 수 있다. 리버풀의 지역 경제악화와 이로 인한 노동자들의 과격 행동에 대해 악명이 난 리버풀은 1985년과 1989년의 리버풀 축구팀이나 팬들로 인한 사건 사고로 이미지가 악화일로였다(Murden, 470).

결국 축구에 내재된 폭력적 이미지는 도시의 가난과 폭력성에까지 이어진다. 리버풀 도시 건축물에 새겨진 폭력성을 해석하려는 의도이다. 콕스는 리버풀의 이러한 면을 강조했다.

18세기 중반에서 19세기에 이르기까지 리버풀은 대단한 국제 해상 도시로서 세계 무역 노선을 가졌고, '삼각'(triangular)노예 교역의 선두자로서 브리스톨(Bristol)의 자리를 빼앗았다. 상선이 아프리카까지 물품을 옮기고 그곳에서 신세계로 노예를 데려가고 다시 면, 설탕, 담배 등을 싣고 리버풀로 돌아오는 교역 체계를 갖췄다. 이를 기반으로 리버풀은 명성과 부를 가졌다(Cohen, 11). 이런 역사를 통해 구축한 리버풀의 명성과 부는 건축으로 옮겨진다. 콕스 또한 리버풀의 건축물에는 노예역사가 새겨져 있다고 비판한다. "…the great public buildings of the city: the Picton Library, St George's Hall, the town hall, the cathedral-monuments to the villainous history of a city built on the slave trade." 그에게 '도시의 가장 위대한 공공건물은' '노예 교역을 기초로 해 세워진 도시의 악랄한 역사에 관한 기념비'이다(Cox, 252).

리버풀의 인종 착취에 대한 역사는 <복수자 비극>에 편재해 있고 반복해서 제국주의적 건축물을 통해 소환된다. 콕스가 위에서 언급한 건축물에 대해 애비셔는 더 구체적으로 설명한다. 머지강 반대편에 위치한 리버 빌딩(Liver Building)을 배경으로 한 버켄헤드(Birkenhead) 항만 구역의 황무지에 서 있는 빈디치의 모습이 들어간 샷을 보면 그의 모습은 작고 초라해 보인다. 즉, 빈디치는 인간의 노동과 신체의 착취로 세워진 강력한 제도권에 도전하려 하는 황야의 왜소한 인물로 비춰진다. 성 조지 홀 건물은 제국주의 권력의 오만한 선포이다. 이 건축물의 문에는 라틴어인 'SPQL(Senatus Populusque

Liverpudliensis)'(리버풀의 상원과 국민)의 글귀가 새겨져 있으며, 또한 이를 모토로 액자에 담아 둔 루수리오조의 장면과 더불어 이러한 역사가 언급된다. 이러한 건축물은 그것의 웅장함에 대한 경외와 그것이 상징하는 인간 노동과 신체의 착취와 무모한 욕심에 대한 공포를 영화에 불어넣는다(120-21).

리버풀의 역사를 담고 있는 건축물의 현재적 해석은 계속된다. 콕스는 컴퓨터작업을 통해 과거 억압의 역사에 새로운 해석을 추가한다. 빈디치가 그의 동생 카를로(극에서 히폴리토)와 도시의 타운 홀(Town Hall)(1749년과 1754년 사이에 건립) 건축물의 둥근 지붕에 서서 그들의 승리를 즐긴다. 그 형제는 에드윈 루티언스 경(Sir Edwin Lutyens, 1869-1944)이 설계해 공사 중인 성당의 비계를 내려다본다. 애비서는 1807년 노예제도가 폐지되기에 앞서 노예 교역자였던 16명의 시장(Lord Mayors)이 리버풀 타운 홀 건물에서 공무를 수행했음을 강조한다(*Screening* 121). 콕스는 노예제도와 세계 교역을 통해 형성된 이 도시의 기념비적인 건축물에다 주인공을 올려 놓는 멋진 이미지를 만든다. 이 이미지는 2011년 미래 배경으로서 특히 거대한 가톨릭 성당과 'DUKE BUILDS'라 적힌 거대한 배너가 있는 건축 중인 건물들의 모습이 많이 보인다. 이는 리버풀 도시의 오래된 건축 역사를 알리는 메시지이자 공작과 같은 현대판 통치자의 출현을 암시한다.

앞에서도 언급했듯이 리버풀은 제2차 세계대전 후 주택보급 공사를 했으며 그 이후엔 도시 재건 사업을 시행해 왔다.

보수당 대처의 재임기간 동안 일어났던 실업이나 파업 등의 암울했던 시기와는 달리 1990년 이후엔 도시재생산업으로 리버풀은 다시 도약한다. 국가를 현대적이고 역동적인 '멋진 브리타니아'로 변모시키고자 했던 토니 블레어의 '신노동당'(1994-2010)의 기치 아래 여러 단체로부터 후원을 받아 리버풀 비전(Liverpool Vision)이라는 재건 회사설립으로 여러 도시 정비사업이 이루어졌다. 정부는 정치적 지방분권의 과정을 시작하고 막대한 자금을 도시의 궁핍 지역 재건에 쏟아부었다. 나이트클럽, 레스토랑, 쇼핑센터 및 주거 아파트가 주요 지역의 고급화를 이끌어냈을 뿐 아니라 리버풀은 조지아 스타일의 도로와 빅토리아 시대의 공공건물, 에드워드 시대의 해안 거리를 정비해 건축문화유산의 가치도 높이게 되었다. 블레어는 런던에 집중된 권력기반을 다른 지역에 분산시키고 영국 전역에서의 사회적 불평등을 줄이려는 거대 담론의 발전 비전을 제시한 결과 리버풀 또한 지역 경제를 회복하게 된다 (Murden, 473-76).

영화에서는 2001년 리버풀의 랜드마크인 우상적이고도 기념비적인 건축의 부활을 상징하는 셈이다. 애비셔는 건물 위로 날아가는 검은 날개를 가진 생명체를 불길하게 해석하며, 이 장면은 도시의 제국주의자와 과거 노예에 의존했던 이들을 소환하며, 리버풀의 가난한 주변부를 현재에 건축하고자 하는 자본주의적 계발 야망을 드러내 보여주는 데 대한 경종으로 해석한다(*Screening* 122). 이러한 경종은 <복수자 비극>에서 공작이 경영하는 클럽이나 도시 광고의 슬로건에서도 볼 수 있다. 머덴은 리버풀이 1990년대에 프리미에르 '슈퍼 클럽'(superclub)을 탄생시켜 소비도시로 점차 변모했다고 밝힌다(479). 리버풀은 빈디치가 루수리오조를 살해했던 그 나이트클럽이나 도시의 미디어, 예술과 문화적 활동으로도 유명해진다.

도시 정비사업으로 도시 도처에선 건축물의 비계가 하늘 위로 올라가 있지만, 도시에서 증가한 가난한 지역 간의 게토화 차이가 더 심해져 빈부격차 해소는 낙관할 수 없다. 1995년에 파업을 했던 리버풀 도커(Liverpool Dockers)들이 희망을 갖고 돌진하였지만 노동당(New Labour)은 그들을 지지하지 않았다. 리버풀은 여전히 영국에서 5번째로 가난한 지역이었다. 애비셔는 이렇듯 리버풀 도시의 발전에 회의적이었다(*Screening* 123).

이 장에서 필자는 콕스 감독이 촬영 장소로 정한 리버풀의 장소에 함유된 역사적 의미를 해석했다. 영화에서 리버풀은 자본주의자의 과거를 내포하는 도시이며 동시에 2011년이라는 미래 시간도 시사하는 공간이다. 다음에선 콕스의 비판적 메시지가 담긴 물리적 도시인 리버풀을 배경으로 한 사건과 인물에 초점을 두고자 한다.

2. 포스트모던한 영화의 특성과 그것의 의미

과거 자본주의 기득권층은 2011년이라는 미래의 리버풀에서도 소환되어 재현된다. 도시의 현대식 고도성장과 더불어 지배층의 삶과 생활 방식, 외모에선 포스트모던한 점이 드러나지만 하층민의 생활에선 변화가 없다. 콕스는 이러한 그들의 삶을 대조적으로 보여주며 지배층의 타락이라는 주제를 보여주기 위해 아방가르드적 기법을 활용하며 지구 종말론적인 분위기로 재현하는 데 초점을 둔다(Wray, 547; Minton, 134). 역사는 반복된다는 명제 또한 입증된다. 콕스에게 역사는 지속성이다. 콕스는 자코비안 시대 기득권층인 귀족들의 부패와 타락, 자본주의 비판을 현재화하기 위한 성찰을 포스트모던한 방식으로 재현하고자 했다. 콕스는 퇴폐적이고 지구 종말적인 배경을 선택한다. 무정부적인 환경을 연상시키는 거리의 갱들이며 관리되지 않은 도시의 풍경이나 빈 공간들 및 펑크족의 이미지가 지구 종말적인 영화제작에 친숙한 비유라고 레이는 주장한다(547). 콕스가 자본주의를 비판한다는 영화제작의 명분은 리버풀을 제작 장소로 내세웠다는 이유 외에 촬영기법을 통해서도 확인된다.

레만은 빈디치가 "실재에 대한 열정"(the passion for the Real)을 상징하는 인물이라고 주장한다(206). 이 실재는 "일상적인 사회적 현실과 대립되는 것이며, 기만적인 현실의 층위를 벗겨내는 대가인 극단적인 폭력 안에 있다"(the Real in its extreme violence as the price to be paid for peeling off the deceptive layers of reality)고 표현한 슬라보예 지젝(Slavoj Žižek)의 주장에서다(5-6). 지젝은 <트루먼 쇼>(1998)[1]의 예를

들어 "후기자본주의 시대의 소비 중심 사회인 캘리포니아의 천국은 그 초현실(파생실재)이라는 면 자체에서 어떤 의미로는 비현실적이며 실체 없고 물질적인 관성을 박탈당한 공간이라는 경험이다. 세계무역센터가 붕괴한 이후 공포에 대한 동일한 '탈 현실화'가 이어졌다"(*The Truman Show* is that the late-capitalist consumerist Californian paradise is, in its very hyperreality, in a way *unreal*, substanceless, deprived of material inertia. And the same 'derealization' of the horror went on after the WTC collapse)고 설명한다(13).

진정한 공포는 '그곳'에서 일어나는 것이지 '이곳'에서 일어나는 게 아니라는 말이다. 따라서 할리우드에서만 물질성과 질량을 박탈당한 실재 삶의 모사를 연출하는 것이 아니다. 후기자본주의 소비사회에서는 '실재 사회적 삶' 자체가 어느 정도 거짓으로 연출된 특징을 지닌다. 이웃들은 '진짜' 삶에서 무대 위의 배우와 엑스트라처럼 행동한다. 다시 말해 자본주의적이고 공리주의적이며 정신성이 제거된 세계의 궁극적 진실은 '실재 삶' 그 자체의 물질성이 박탈된다는 것이다. 실재 삶은 유령 같은 쇼로 역전된다(14).

"실재는 기만적인 현실의 층위를 벗겨내는 대가를 치르는 극단적인 폭력 안에 있다."고 밝히듯 빈디치는 실재를 추구하는 인물에 적합하다. 빈디치와는 달리 공작과 그의 사회는 실

---

1) 주인공 트루먼은 트루먼 쇼 제작자들에 의해 자신이 살아온 30년의 생활이 생생하게 방송되어 왔음을 알게 되고 마침내 세트장 출구로 나가게 된다.

재 삶을 위선적이고 거짓으로 모사한 후기자본주의 소비사회의 표상이다. 레만은 이러한 사회의 특성을 시뮬라크럼(simulacrum)의 위선적인 존재론으로 간주하고 그것의 복수가 이미 실재의 무대에서 일어나고 있다고 해석한다(197). 장 보드리야르(Jean Baudrillard)가 "실재가 기호들로 대체된다." (substituting the signs of the real for the real)(2)는 현대사회 소비문화를 지적한 맥락에서 콕스의 재현 방식을 들여다볼 수 있다. 보드리야르는 자본이 결국 사실성을 제거하게 만들었으며 사실성의 기호들만을 재생산시켜 시뮬라크르(복제된 것)를 연출하고 시뮬라시옹(시뮬라크르를 만들어내는 과정)의 유희를 가속화할 따름이라고 주장한다(22). 현대사회에서의 이러한 기호들은 모든 사회가 과잉 생산하면서 빠져나간 실재를 부활해야 한다는 히스테리를 겪게 하며 더 현실적이고 더 실재적으로 보이는 파생실재(hyperreal)(와 실재)를 낳는다. 그러므로 "'물질적' 생산은 오늘날 그 자체가 파생실재이다"(today this "material" production is that of hyperreal itself)(23). 공작과 그의 사회도 실재 삶이 아닌 위선적이고 거짓으로 모사한 파생실재다.

필자는 영화에서 재현된 포스트모던한 분위기를 다각도로 분석하면서 과격한 미들턴 작가의 반항적이고도 혁명적인 정신을 이어받은 콕스 감독의 저항 의식을 살펴보고자 한다. 이는 영화의 플롯 설명과 엮어서 분석한다. 레만은 콕스의 영화는 자의식적으로 관객에게 행간, 커튼, 셀룰로이드 프레임, 메타 미학 각색의 하이퍼텍스트 그리드 등을 읽도록 한다고 밝힌다(202).

민톤은 영화에서 우리 시대의 정치적 관심, 이를테면 다이애나 왕태자비의 비극이라든가 폭동을 일으키는 스포츠광팬들, 테러리즘 및 핵폭발과 같은 이야기가 나오며, 콕스는 미들턴의 17세기와 21세기를 서로 엮고 병렬시킴으로써 언어, 음악 및 분명한 시각장치의 방법을 동원해 미들턴의 유머러스하고도 무시무시한 통렬한 정치적 코멘트를 전적으로 이용한다고 주장한다(134). 콕스의 리버풀은 과거 자본주의자들의 '악랄한' 역사를 내포하며, 동시에 2011년이라는 미래를 시사한다. 영화 시작 장면에서부터 관객들은 2011년이며 혜성으로 서유럽이 파괴되고 이를 조망하는 인공위성을 본다.

공작의 이미지가 들어간 인공위성 접시의 장면과 중앙에 "D"라고 새겨진 로고와 같은 것은 포스트모던한 자본가를 연상시키는 사물들이다. 이것은 현대인이라면 누구나 다 알 수 있는 감시 체계이다. 콕스가 공작을 개인이라기보다는 브랜드화한 인물로 재현한다. "판매를 올리기 위해 공작의 타락한 이미지를 광고 아이콘으로 사용하는 사업 수단에 대해 콕스는 이는 도널드 트럼프(Donald Trump)와 리처드 브랜슨(Richard Branson)과 같은 기업가들이 경영전략으로 사용한 방식이다"(*X Films*, 247-48)라고 밝힌다. 이러한 광고 아이콘에 대해선 뒷부분에 가서 더 구체적으로 분석하겠다. 지구 종말 분위기와 같은 환경에서 이 인공위성은 도시를 감시한다. 빈디치는

버스 운전수를 포함해 모든 승객들이 죽어 있는 버스를 몰고
리버풀로 들어온다. 자신의 머리를 면도기로 밀어내곤 거리를
걷는다. 거리의 갱스터로부터 "런던내기니?"(Are you a
cockney?)라는 질문을 받곤 몇몇을 주먹으로 응해 준다. 건물
의 광고판에선 "Welcome stranger!"라며 공작의 영업 장소를
홍보하는 멘트를 보낸다. 빈디치가 다음 방문하는 곳은 약혼녀
글로리아나의 유골이 있는 지하공동묘지이다. 그는 글로리아나
의 해골을 들고선 과거를 플래시백 한다. 빈디치와 글로리아나
의 결혼식 날 "Duke and Sons" 업체가 제공한 독이 든 샴페
인을 신부와 하객들이 마시곤 죽게 된다. 그는 복화술사처럼
"Revenge! Revenge! Revenge!"를 반복해 말한다. 민톤은 이
러한 영화의 첫 장면에서 나온 버스 전복이나 버스 안에서의
휴대폰 통화의 끊김은 의사소통이 단절된 도시의 이미지를 보
여주려는 콕스의 의도로 해석한다(135).

빈디치의 약혼녀 글로리아나가 공작을 거부했던 이유로 공
작은 결혼 피로연에서 신부를 포함한 하객들 모두 독이 든 음
료를 마시게 해 피를 토하며 죽어가게 한다. 이 결혼식 장면은
영화에서 중심을 이루며 빈디치의 복수에 근간이 된다. 지하묘
지에 들어간 빈디치는 글로리아나의 해골을 들고 결혼식장에
서 신부와 춤을 추는 장면을 회상한다. 하객들과 모두 샴페인
잔을 서로 부딪치며 마시려는 순간에 샷은 현실로 바뀐다. 영
화에서 결혼식 플래시백이 세 번에 걸쳐 나오는데 이것이 첫
번째 것이다. 결혼식 플래시백은 빈디치의 복수에 심리적 매개
로서 영화의 중심을 이룬다. 빈디치가 지하묘지에서 들고 있는

글로리아나의 두개골은 죽음을 기억하라(*memento mori*)는 의미를 함유하지만 빈디치를 기억하라(*memento vindictae*)는 명제 또한 극이나 영화의 상징이기도 하다(Aebischer, *Screening* 127). 더 나아가 인종과 성적 억압의 주제로도 연결된다.

영화는 여성의 희생에 대한 빈디치의 복수를 전제한다. 여성의 성적 억압에 대한 과거와 현재의 연결성을 강조하고 이에 대해 개탄한다. 결혼식에서 독살당한 글로리아나의 존재 의미는 안토니오의 아내인 이모겐과 빈디치의 여동생인 카스티자에게로 확장된다. 영화에선 카스티자의 역할이 극에서 보다 더 다양하다. 오빠인 빈디치를 도와 공작 살인에 많은 협조를 한다. 미들턴의 극에선 빈디치가 공작의 포주로 일을 할 때 피아토로 변장한다. 루수리오조로 인해 그의 여동생과 어머니의 타락을 시험할 때도 변장을 했다. 하지만 콕스는 이러한 극적 장치는 없앴다. 쿡은 스크린 작가 보이스가 변장 내용을 삭제한 일에 대해 플롯에서 변장 내용을 없애서 손실이 있어 보이지만 이러한 각색 작업은 그러한 손실을 완화시키고, 심리적으론 현대적 기대감에 부응할 수 있으며, 동시에 상실된 아이러니를 대체하기 위한 상상력이 풍부한 시도로 보인다고 주장한다(89). 대신 영화에서 그의 어머니인 한나(그라티아나)는 극에서와는 달리 장님으로 설정되어 그의 아들을 볼 수 없다.

지금까지 영화에 함유된 포스트모던한 주제의 흐름을 대략적으로 언급해 보았다. 다음에선 이를 구체적으로 분석해 보고자 한다.

① 현실의 허구적 경험인 파생실재와 미디어를 통해 본 콕스의 비판 정신

콕스는 미들턴의 비판 정신을 후기자본주의의 안일함으로 이어간다. 콕스는 리버풀의 공작 가족의 안일함에서 비롯된 비도덕성이라든가 실재가 결핍된 모사를 연출하는 데서 실재에 대한 열정이 빼앗긴 자본주의 사회상을 보여주고 이를 비판하고자 한다. 영화에 재현된 실재가 박탈된 현실의 허구적 경험인 시뮬라시옹과 시뮬라크르를 장면 중심으로 살펴보고자 한다.

경기장으로 가는 자동차 뒷좌석에 앉은 공작의 아들들의 첫 모습을 한번 보자. 펑크스타일과 피어싱을 한 그들의 외모나 그들의 방탕한 생활에서 종말론적인 포스트모던한 분위기를 볼 수 있다. 그들은 공작과 안토니오 선수들의 경기장으로 들어간다. 그곳엔 카스티자가 둥근 판에 몸이 묶인 사람에게 칼을 던지는 묘기를 보여주고 있다. 이러한 분위기는 폭력성을 띤다. 운동장엔 큰 스크린이 있으며 그것을 통해 모든 장면이 보인다. 미디어화 된 사회상이 엿보인다. 안토니오와 그의 아내 이모겐이 경기장에 도착한 모습도 스크린을 통해 보인다. 선수들이 등장하지만 테이블풋볼시합을 할 뿐이다. 이러한 선수들의 모습은 전형적인 파생실재다. "The Duke's boy"와 "Antonio's lad" 간의 스포츠 대회다. 실재 운동의 상황을 기

대해 보지만, 영화 관객은 리버풀 에인트리 경주코스가 있는 경기장 중앙에서 탁상축구경기(테이블풋볼)를 하는 큰 덩치의 남성들을 보게 된다. 어색하지만 선수들의 열의와 게임에 임하는 태도는 실재 이상이다. 이 경기는 티브이로 전역에 방송되고 실제 축구 못지않게 사람들로부터 호응을 받는다. 여러 면에서, 테이블풋볼은 리버풀의 "이미 죽은" 것과 유사하다 (Lehmann, 208). 넓은 경기장에서 덩치가 큰 선수들이 몇 개의 일렬로 선 쇠막대에 붙어 있는 소형의 플라스틱 선수들을 좌우로 움직임으로써 게임을 하는 모습은 실재가 아니다. 등치가 큰 선수들의 모습만 실재다.

관중석에서가 아니라 티브이로 공작이나 안토니오 선수들을 응원하는 시민들의 행동 또한 획일적이며 실제라 할 수 없이 기계적이다. 선수와 관객의 기계적인 행동은 테오도어 아도르노(Theodor Adorno)가 후기자본주의의 과잉 노동의 신봉을 비판한 맥락에서 해석할 수 있다. 노동이 절대화되면서 스포츠와 레저 또한 노동력의 재생산에 필요한 조건으로 해석된다. 아도르는 "스포츠가 인간 신체를 기계와 유사하게 만드는 경향을 띤다. … 스포츠는 어디에서 조직되든 간에 부자유의 영역에 속한다."(as a social lubricant of a technological society, sport molds human beings to the machine and more explicit political vein, serves as a model for totalitarian mass rallies … sports belong to the realm of unfreedom, no matter where they are organised.)(William J. Morgan, 818

재인용)며 스포츠가 현대 주체에게 미치는 부정적 견해를 피력한다. 콕스 또한 스포츠의 부정적 측면을 재현해 이를 비판한다. 리버풀 선수나 시민들 또한 공작의 전체주의 대중 집회에서 무비판적으로 존재하는 듯하다.

스포츠의 부정적 측면은 여기서 그치는 게 아니라 공작의 막내아들인 주니어가 안토니오의 부인을 성폭력한 데에서도 볼 수 있다. 공작의 팬과 안토니오의 지자들 간에 정치적인 긴장감을 달래기 위해, 아나운서는 게임 전에 특별한 언급을 한다. "*Everyone* loves sport, *no matter how it's played.*" 어떤 점에서 이 말은 스포츠에 대한 유토피안적인 잠재성과 모든 이들을 단합하게 함으로써 사회적 반감을 중지시키려는 그것의 능력을 암시하지만, 또 다른 면에선, 어떻게 경기를 하던 간에(no matter how it's played)라는 말이 주는 뉘앙스는 이미 무법이 횡행하는 사회임을 증명하는 셈이다(Lemann, 208-9). 스크린을 통해 축구를 관람하던 안토니오의 아내인 이모겐이 밖으로 나와 계단을 내려가는 것을 보고 주니어는 몇 명의 동료와 함께 그녀의 뒤를 따른다. 그녀는 비명을 지른다. 사건 이후 주니어는 재판을 받는 법정에서 "나의 잘못은 희롱일 뿐인데, 그저 장난으로 죽게 해주세요."(My fault being sport, let me but die in jest.)(1.2.66)라는 말을 판사에게 한다. 이러한 반응은 이 사회가 무법으로 만연하며 스포츠 경기 중간에 주니어의 성폭력 사건이 터진 점은 스포츠에 내재된 폭력성의 확장으로 해석된다.

주니어가 그 성폭력 사건에 대해 일말의 양심도 없으며 이
모겐의 고통에 전혀 의식을 하지 않고 공감적이지 못한 태도
를 보이는 것은 그를 포함한 그의 가족들이 실재를 경험하지
못하기 때문이다. 그들의 외모에서 알 수 있듯이 그들은 몸에
문신과 피어싱을 했다. 그들은 지젝의 설명대로 "가상의 상징
적 질서"(virtual symbolic order)(10)에 머문다. 실재에 대한
열정이 없다. 그들의 몸을 실재로 경험하지 못하는 상황은 공
작의 외모에서도 느낀다. 아방가르드적 분위기로 해석이 되지
만 깔끔하게 뒤로 묶은 머리 스타일과 메탈 레드 빛의 입술을
한 표정에는 생기가 없다. 그들은 가상현실에 머문다.

실재를 경험하지 못하는 인물은 공작의 가족 외에 판사도
있다. 주니어의 사건을 재판하는 장면에서 판사는 생명유지
장치를 한 채 재판을 한다. 재판을 진행하는 공작에 모든 권
력이 집중된 듯하며 그에게 반하는 제도권은 무기력함을 보여
주는 듯하다. 판사의 힘은 한계가 있어 보인다. 공작의 권력에
어떠한 대안도 없으며 모든 일이 뇌물로 움직인다. 쿡은 극은
이탈리아의 모 법정에서 사건이 일어나며, 이곳은 자코비안
사회에 대한 미들턴의 신랄한 풍자에 완충작용을 했으며 극단
적인 도덕적 박탈과 무자비한 마키아벨리적인 음모를 타당해
보이지 않게 해주었던 장소이다. 반면 영화에서의 법정 배경
은 타당성(그럴듯한 일)에 부합해 보이는 결과를 얻게 된다.
비록 그 영화의 풍자에 관해선 아니지만, 리버풀도 충분히 발
전한 도시이기에 부도덕한 측면이 없어 보이진 않다(86)며 극

과 영화에서의 법정 분위기 차이를 언급한다. 다시 설명하자면, 영화에서는 공론을 담당해야 할 법이나 정치 영역을 선정적 엔터테인먼트의 오락거리로 소비하게 만드는 관종적 형태의 혐오 정서를 전파하는 셈이다. 한편, 재판장 밖에서는 안토니오의 지지자들이 안토니오의 이름을 외치고 있다.

실재를 경험하지 못하는 주니어는 일시적으로 투옥된다. 주니어의 사건과는 별도로 공작 가족에는 몇 가지 사건이 더 발생한다. 서자와 어머니와의 관계, 형제들의 난 및 공작의 죽음. 큰아들인 루수리오조에게 접근한 빈디치는 그가 자신의 여동생 카스티자에게 관심이 있음을 알고 자신의 집을 방문한다. 집에선 어머니가 초에 불을 켜면서 신랑 신부의 장식물에 초점이 가면서 잠시 결혼 장면이 회상된다. 두 번째의 플래시백이다. 샴페인 잔을 부딪치고 신부는 마셨지만 빈디치의 잔은 한 소녀가 빼앗아가 마시는 상황으로 빈디치는 목숨을 구하게 된다. 모두 괴로워하며 피를 토하는 장면이 시각화되며 지나간다. 집을 방문한 빈디치는 극에서와는 달리 장님인 어머니(Hannah)를 루수리오조가 보낸 보석을 이용해 이러저러한 말로 유혹한다. 어머니는 결국 넘어간다. 카스티자는 극에서와는 달리 빈디치의 제안에 화를 내면서 결국 오빠를 알아보게 된다. 집을 나온 빈디치는 "어째서 땅이 벌떡 일어나/ 자신을 밟고 다니는 죄를 때리지 않는가?/ 오, 황금과 여자 문제가 아니라면,/ 세상에 저주란 없을 것이다."(Why does not earth start up,/ And strike the sins that tread upon't? O,/

weren't not for gold and women, there would be no/ damnation.)(2.2.255-58)[2]라며 어머니의 행동에 분노한다.

주니어의 법정으로 향한 빈디치는 법정 밖에서 공작부인과 서자인 수프리오가 부적절한 관계임을 눈치챈다. 그 사실을 루수리오조에게 알리고 증거를 잡기 위해 공작부인의 방을 습격한다. 공교롭게도 부인은 공작과 침대에 있었다. 그 습격 상황에 화가 난 공작은 루수리오조를 반란죄로 투옥시킨다. 의도치 않게 일이 일어난 것이다. 공작은 아들들에게 판사에게 편지를 전달하게 시킨다. 그 내용은 루수리오조를 처형시키라는 것이다. 곧 공작은 피아노를 치면서 테이블 위에 놓인 샴페인 병을 바라본다. 자신이 독살시킨 글로리아나의 모습과 결혼식장 하객들의 죽어가는 모습이 세 번째로 플래시백 된다. 이렇듯 고통스럽고 파멸적인 결혼식 장면이 영화의 축을 이루며 사건이 전개된다. 특히 공작이 피아노 치는 장면에서 콕스는 카메라를 이용해 미들턴 극에 나오는 공작의 방백을 감정적으로 극화시킨다. <리처드 3세>(*Richard III*)(1995)에서 배우 이안 맥켈란(Ian McKellan)이 카메라를 보고 윙크하며 관객들이 그와 함께 통로를 따라오도록 초대하는 장면이 있다(Minton, 144). 마찬가지로 사악한 공작인 데렉 자코비 공작도 루수리오조를 감옥에서 석방시키라는 말을 한 후 카메라를 보며 피아노를 친다. 그는 카메라를 보며, 다음과 같은 고백의 말을 한다.

---

2) 영화에서의 긴 대사는 극 텍스트에서 인용함. 이후 출처 언급을 하지 않음.

난 모든 미인을 다 갖고 싶어 했고,
내 유혹을 거절했던 많은 여자들을 독살했지.
욕정으로 뜨거운 노인은 괴물처럼 보이는 법이야.
내 머리는 백발이지만 내 죄는 아직 초록색이거든.

Many a beauty have I turned to poison
In the denial, covetous of all.
Age hot is like a monster to be seen;
My hairs are white, and yet my sins are green.
(2.3.129-32)

여성을 독살했다는 그의 말에는 일말의 양심도 없어 보이며
진정성도 전혀 느껴지지 않는다. 생기 없는 얼굴과 진정성 없
는 고백을 가장한 말투나 그의 외모는 아방가르드적인 분위기
를 풍기고, 괴물과도 같은 인상을 주며 실재를 전혀 경험하지
못한다.

이모겐의 이야기로 넘어가 보자면, 주니어의 재판 때, 그녀
는 성모 마리아를 연상시키는 모습이었다. 그녀는 주니어로부
터 당한 성폭행과 그것의 기억으로 고통스러워하지만 이러한
자신의 모습이 미디어화 된다. 베일로 가려진 그녀의 얼굴은
계속해서 대중에게 보인다. 결국 그녀는 독을 마시게 된다. 이
모겐의 사건으로 미디어화의 문제점과 피해 여성에 대한 2차
가해라는 문제점도 제기된다.

앞에서 언급된 실재가 없는 스포츠에서 공작과 안토니오가
스크린을 통해 이를 경험할 뿐더러 시민들도 티브이를 통해
볼 뿐이다. 이러한 전체 장면은 리버풀 사람들이 어떠한 분명

한 출구 전략도 없는 미디어화 된 소비 사이클 안에 갇혀 있음을 보여주는 상징이다(Lehmann, 208). 이와 같은 맥락에서 보드리야르는 현대의 특성인 미디어화의 부정적인 면을 신랄하게 비판한다. (대중매체의) "정보는 의사소통과 사회적인 것을 삼켜버린다. 의사소통을 하도록 하는 게 아니라, 본래 정보는 의사소통을 연출만 하면서 소진되어 버린다. 우리가 잘 알고 있는 거대한 시뮬라시옹의 과정이다."(Rather than creating communication, it exhausts itself in the act of staging communication. Rather than producing meaning, it exhausts itself in the staging of meaning.)(80). 실재는 존재하지 않는다. "의사소통과 의미의 파생실재성, 실재보다 더 실재적인 것으로 말미암아 사람들은 실재를 폐기한다."(The hyperreality of communication and of meaning. More real than, that is how the real is abolished.)(81). 리버풀 사람들은 지배계급들이 제공하는 일방적인 대중매체와 정보에 이미 침범되어 연출된 의사소통만을 경험할 뿐이다. 콕스는 이러한 점을 비판하고자 하는 듯하다.

미디어의 부정적 현상은 이모겐의 사망 소식이 뉴스로 방송되는 곳에서도 볼 수 있다. 아이러닉하게도 아내의 사망 소식 기자회견을 여는 안토니오가 정치적으로 부상한다. 기자회견 동안 화면 하단에 "eye"아이콘이 스크린의 하단에 나타난다. 이는 안토니오의 미디어 네트워크의 상징마크다. 보드리야르가 대중매체를 "극도로 자극된 연출의 의사소통"(this exacer bated mise-en-scene of communication)(81)으로 표현하듯이 이모겐의 자살을 계기로 전체 사건이 무대연출 되는 듯하다. 화면에서 안토니오는 죽은 이모겐의 시체를 본다. 주변의 기자들은 카메라 플래시를 터트린다. 그는 자신의 손에 든 기도서를 발견하고 라틴 문구를 읽는다. 그는 눈물을 흘리며 "불명예스럽게 사느니 순결하게 죽는 것이 낫다."(Better to die virtuous than to live dishonored.)(1.4.17)라고 번역해 말한다. 민톤도 주장하듯 안토니오는 아내 이모겐의 죽음을 자신의 정치적 야망에 이용할 요량으로 대중의 공감을 조종해 폭도를 선동할 의도가 분명하다(138). 분노한 이들이 거리로 나서며 그들은 공작의 아들들이 탄 차를 둘러싸고 이모겐의 죽음에 복수하고자 그 차를 파괴한다. 모 술집에서 두 명의 시민이 티브이 화면을 통해 나오는 안토니오의 연설에 대해 이야기를 하고 있다. 한 명은 이모겐의 머리에 총알이 관통했다고 말하며 다른 이는 자살이 아니라고 주장한다. 안토니오가 자살을 종용했다는 말에 다른 남성은 화를 내며 싸울 기세다. "대중매체들은… 대중들 속에서 사회적인 것을 함열시키는 장본이다."(the media…the implosion of the social in the masses)(Baudrillard, 81)라는 주장처럼 안토니오는 매체를 활용한 티브이 연출로 모든 소문과 진실이 아닌 것을 함열시키는 데 성공한 듯하다.

안토니오의 방송 중 미디어의 상징이 공작의 휘장에서부터 달러의 뒷면에 있는 아이콘인 피라미드 위에 놓인 눈의 이미지로 바뀐다. 이는 안토니오의 휘장 심벌이다. 이를 통해 그의 정치적 입지는 굳어지고 이모겐의 시신은 활용한 대가를 본다. 안토니오, 미디어 그리고 돈 사이에서 분명히 결탁된 공모로 인해 안토니오는 그가 추종하는 "개혁"당이 집권을 하는 데 만족스러워할 것이다. 하지만 이 또한 공작의 탐욕스러운 통치의 모사에 불과하다(Lehman, 210). 레만의 주장대로 안토니오의 모든 행위에는 실재가 결여되어 있다. 더 나아가 쿡은 방송은 안토니오 자신의 텔레비전 네트워크에 대한 것이며, 안토니오가 공작과의 경쟁에서 부상해 보이는 것은 그의 성공이 도덕적 우월감에서가 아니라, 그가 더 명석하게 미디어를 조작하는 능력에 있다고 주장한다(88). 결국 콕스는 안토니오를 포퓰리즘에 근거해 언론이나 여론 조작으로 대중의 지지를 받아 통치하는 전략을 은폐하고자 하는 정치인물로 만들었다. 빈디치는 이러한 상황을 아이콘의 눈처럼 지켜보고 있다.

전광판에서뿐 아니라 이모겐의 죽음을 추모하기 위해 버스를 타고 몰려드는 어린이들이 있으며 추모 장소에는 많은 꽃들과 테디베어 인형도 놓여진다. 이모겐의 추도는 1997년 8월 31일에 파파라치를 피하다 교통사고로 사망한 다이에나 황태자비에 비유된다(Minton, 139; Andrew Hartley, 84). 이모겐의 죽음도 미디어의 탓으로 돌려지는 면이 있으며 콕스가 미디어의 이러한 부정적인 점을 통렬하게 비판하려고 한 점 또한 확인할 수 있다.

그녀의 죽음은 남편인 안토니오에게선 정치적으로 이용되

며 글로리아나의 복수심에 찬 빈디치에게는 복수심을 더 강화시켜 주는 계기로 작용한다. 빈디치는 공작에 대한 복수를 대담하게 실행하려고 결심한다. 감옥에서 주니어를 살리고 루수리오조를 처형시키려 했던 공작의 계획 실패로 주니어가 결국 죽게 된다. 빈디치가 감옥의 벽을 부수고 들어가 루수리오조를 탈출시키는 코믹한 상황이 벌어졌다. 공작은 주니어의 죽음으로 그의 묘지에 오게 된다. 그곳에서 무릎을 꿇고 기도를 하던 공작에게 빈디치는 칼을 들이대지만 실패한다. 그곳에서 공작은 루수리오조에게 한 것처럼 자신에게도 여성을 소개해 달라는 요구를 하고 빈디치는 이에 응한다. 공작 살인에 대한 빈디치의 계획은 카스티자와 함께 실행된다.

미들턴 극에서와는 달리 영화에선 카스티자의 역할이 두드러진다. 카스티자는 오빠를 도와 복수에 주요한 역할을 한다. 빈디치와의 대화에서 무심코 공작은 자신의 욕정을 거부한 여성을 죽이게 되었다고 고백한다. 이러한 정보는 빈디치의 복수에 다시 한번 명분을 제공하기에 충분했다. 공동묘지로 가서 글로리아나의 두개골을 들고 와 카스티자와 남동생 카를로와 계획을 세운다. 하틀리가 빈디치의 가족이 공작의 사악한 가족들과는 달리 물보다 더 진한 피의 진수를 보여주는 연대감을 지녔다고 주장하듯이(85) 그들은 공작 살해 계획에서 가족의 높은 친밀도를 과시해 보인다.

빈디치는 우선 묘지에서 가져온 글로리아의 두개골 치아를 칫솔질한다. 이 장면은 치약 광고를 연상시키기도 하지만 앞으로 전개될 스토리를 암시한다. 빈디치에 못지않게 공작 또한 양치를 한 후 자신의 칫솔질에 만족한 듯 딩 소리를 내면서 오케이 사인을 한다. 레만은 이러한 그의 행동이 미디어에 영향을 받은 현대인들의 과잉 행동의 결과로 본다(211). 콕스는 광고 미디어에 영향을 받은 현대인들의 단면을 보여준다.

마침내 빈디치는 친밀도가 높은 가족과 더불어 경기장에 커튼이 처진 침대를 설치한다. 카스티자는 공작 살해 목적으로 멋진 옷을 입고 멀리서 공작을 유혹하는 듯한 자세로 그 침대로 들어간다. 빈디치는 "그녀는 시골 처녀로 처음에는 좀 수줍어하겠지만/ … 첫 키스 후에는…"(Faith, my lord, a country lady, a little bashful at first/ … after the first kiss…)(3.5.134-5)라며 공작을 안심시킨다. 빈디치는 이모겐의 장례식장에서 가져온 테디베어 인형의 몸통에 글로리아의 두개골을 끼워 올려놓은 해골의 입술에 독을 발라두었다. 공작을 유인해 어두운 침실에서 카스티자가 그녀의 입술에 키스하라는 요청을 하고 그녀는 그 곰 인형을 공작에게 내민다. 공작은 해골에 키스한다. 공작이 피를 흘리는 동안 준비해 둔 스크린에선 공작부인과 스푸리오가 성관계를 맺는 장면이 나온다. 콕스는 여기에서 공작은 섹스를 못 했지만 공작부인과 스푸리오의 섹스 장면을 그에게 보여주면서 섹스 없는 섹스인 가상섹스(Žižek, 10)를 경험하게 하는 가상현실을 제시한 듯하다. 그의 동생인 카를로는 심장박동을 정상화시키기 위해 전기 충격을 가하는 데 쓰는 의료 장비인 세동 제거기를 공작의 온몸에 사용한다. 그는 끔찍한 가상현실 앞에서 고통스럽게 죽는다. 공작에겐 더 이상 실재 삶의 모사는 없어지고 죽음이라는 실재를 경험하는 단계만 있을 뿐이다. 콕스는 무감각하고 실재에 대한 열정이 없는 포스트모던적 곤성을 지적한 것이다. 공작은 9년 전에 빈디치와 글로리아의 결혼식에 독을 탄 샴페인을 돌려 신부를 포함해 결혼예식에 참석한 손님들까지 모두 죽게 했던 상황에서와 마찬가지로 본인의 혀도 결국 독을 경험하게 된다. 이는 실재를 경험한다는 의미다. 즉 빈디치는 글로리아나와 이모겐 둘이 겪은 강간과 살인에 대한 복수를 한 셈이다.

빈디치의 완벽한 복수 후 공작은 결국 쓰레기통에 담겨 이모겐의 추모 장소에 버려진다. 추모를 온 어린 학생들은 테디베어 인형 속에서 부패한 공작의 모습을 보고 비명 지른다. 죽은 공작의 장면은 파생실재적 특성을 띤다. 보드리야르는 다음과 같이 설명한다. "실재가 더 이상 실재가 아닌 사실을 숨기는"(concealing the fact that the real is no longer real) 디즈니랜드가 "다른 곳에서와 같이 상상을 재생산하는 쓰레기 처리장이다. 오늘날은 어디서나 쓰레기와 꿈, 환상을 재생산해야 한다. 어린이들과 성인들의 역사적, 동화적, 전설적 상상 세계는 쓰레기, 즉 파생실재적 문명의 가장 일차적인 커다란 독소적 배설물이다."(a space of the regeneration of the imaginary as waste-treatment plant are elsewhere, and even here. Everywhere today one must recycle waste, and the dreams, the phantasms, the historical, fairylike, legendary imaginary of children and adults is a waste product, the first great toxic excrement of a hyperreal civilization.)(13). 공작의 시신은 보드리야르가 언급한 파생실재의 '쓰레기', '독소적 배설물'에 다름 아니다. 미들턴 극에서의 공작 시신은 현대에 와서 더 의미 있는 전유 방식으로 해석된다.

공작의 사망 소식을 접하기 전 공작 가정에서는 타블로이드 신문을 통해 기사화된 공작부인과 스푸리오 간의 관계가 탄로난다. 루수리오조는 식사 시간에 가족에게 화를 내고 스푸리오를 체포한다. 루수리오조는 아버지인 공작의 행방을 찾고 있다. 공작 가정이 비도덕적인 상황으로 곤욕을 치르는 동안, 빈디치는 동생 카를로와 어머니를 찾아간다. 카스티자를 아무런 양심의 가책도 없이 공작의 아들에게 뚜쟁이 노릇을 하려 했던 어머니는 빈디치와 카를로로부터 비난을 받게 된다.

> 오, 아들들아,
> 나를 용서해 다오! 앞으로 나 스스로에게 더 진실되게 살게.
> 너희의 존경을 받아야 하는 나지만 너희에게 이렇게 무릎까
> 지 꿇으마.
> …
> 우리 여자들한테 우는 건 태생적으로 주어진 거지만,
> 진정으로 우는 건 하늘에서 받은 은사지요.

> O sons,
> Forgive me; to myself I'll prove more true.
> You that should honour me, I kneel to you.
> …
> To weep is to our sex naturally given,
> But to weep truly, that's a gift from heaven. (4.4.36-38,
> 54-55)

어머니인 한나는 두 아들에게 무릎을 꿇고 이렇듯 용서를 구한다. 가족 간에 생긴 불미스럽고도 양심의 가책을 느끼는 행동에 대해 진정성 있게 용서를 구하는 빈디치 어머니의 행위는 공작 가족의 구성원들과는 대조적이다. 빈디치와 동생 카를로가 어머니를 시험하고 어머니를 뉘우치게 한 점에선 가족의 애정이 "뒤틀리고도 눈물 어렸다"(wry and maudlin) (Hartley, 85)고 해석할 법도 하지만 가족의 결속이나 친밀도는 매우 높게 평가할 수 있다.

빈디치는 가족이 화해를 한 후 다음 복수 상대로 루수리오조에게 접근한다. 공작의 사망 소식이 있기 전 빈디치와 루수리오조는 술집에서 술을 마신다. 빈디치는 그에 대한 미움에 종말론적인 복수를 소환한다.

> 오, 그대 강력한 인내심이여!
> 저렇게 뻔뻔하고 악독한 놈이
> 서 있는 채로 반으로 쪼개지거나
> 은밀한 바람으로 터지지 않는 게 놀라울 뿐이야!
> 이제 천둥이 더는 안 남아 있는 건가?
> 아니면 더 무거운 복수를 위해 여분을 남겨 놓은 거야?

> O, thou almighty patience!'Tis my wonder
> That such a fellow, impudent and wcked,
> Should not be cloven as he he stood, or with
> A secret wind burst open.
> Is there no thunder left, or isn't kept up
> In stock for heavier venge? (4.2.197-201)

루수리오조에 대한 증오의 말이 떨어지기 무섭게 천둥이 내리친다. 천둥소리와 혜성이 다 동원되는 종말론적인 분위기를 자아낸다. 빈디치는 앞에 앉은 루수리오조가 기이한 욕정에 대해 묻는 질문에 "오, 근친상간의 시대예요!/ …인간 만사를 다 꿰뚫어 보시는/ 영원한 눈을 제외하면요 누가 눈치채겠어요?"(O, hour of incest!/ …Who can perceive this?-save that eternal eye/ That sees through flesh and all.)(1.3.61.65-66)라고 대답을 하는데 여기에서의 '영원한 눈'은 신의 눈을 말한다. 전통적인 신의 눈은 종말론적인 신의 정의와 복수를 의미하지만 콕스는 이 눈을 현대적 의미의 미디어와 감시 키메라로 상징한다. 또한 전통적인 신의 종말론은 더 이상 존재하지 않은 듯하다.

공작이 사망한 후 루수리오조는 새로운 공작으로 추대된다. 루수리오조의 형제들과 여러 귀족들은 축하 파티 장소인 나이트클럽에 모인다. 여기에서, 루수리오조는 "나으리들, 자리에 앉으시게나. 이제 유희를 즐길 준비가 되었다. 시작하게 하라."(Take thy places lords, we are ready for sport. Let'em set on)(5.3.36-37)며 파티를 시작하게 한다. 이때 극에서도 나왔던 유성이 영화에서도 어김없이 지구 종말적인 상황을 예시한다. 타투나 피어싱으로 몸을 실재로 경험하지 못하는 다른 형제들과는 달리 루수리오조는 가끔 면도기 날로 자신의 얼굴을 긋는 습성이 있다. 매릴리 스트롱(Marilee Strong)의 설명에 따르면 "자해자들은 자신들의 자해한 상처에서 따뜻한 붉은 피가 흘러나오는 것을 보면 자신들이 살아 있음을 또다시 느끼고 현실에 확고히 뿌리내리고 있음 직한 느낌을 받는다고 말한다"(Cutters usually say that once they see the warm red blood flowing out of the self-inflicted wound, they feel alive again, firmly rooted in reality)(Žižek, 10 재인용).

루수리오조는 다른 형제에 비해 신체의 실재로 귀환하려는 열망이 강하다. 이러한 열망은 카스티자가 칼 던지기 게임에 자원자를 요청하는 데까지 연결된다. 루수리오조가 일어나 자원을 하게 되고 그의 몸은 회전판에 묶인 다음 십자가의 모양으로 팔과 다리를 벌리게 된다. 빈디치는 루수리오조가 판에 묶여 있는 사이 불을 잠시 끄게 한 다음 그에게 칼을 던져 쇼를 가장해 그를 죽인다. 루수리오조가 죽었다는 말에 동생인 수퍼바쿠오와 암바시오조는 서로 공작이 되겠다며 총질을 한다. 모두 사망한다. 빈디치는 언론 기자들이 사고 현장에 도착했을 때 모든 일을 경호원의 탓으로 돌린다.

"비참한 비극이네요./ 늙은이의 눈마저 핏발 서게 할 정도로."(A piteous tragedy, able to make/ An old man's eye's bloodshot.)(5.3.60-61)라며 안토니오는 공작 가족에게 일어난 불상사에 안타까움을 내비친다. 빈디치는 "최고의 잔치"(most fitting revels)라 말하며 엄지손가락을 치켜세운다. 그의 몸짓은 연이어 나오는 특별한 음향과 어울린다. 레만은 빈디치가 복수자라기보다는 사악한 인물로 행동하고 그런 일에 점점 더 즐거워한다며 그가 "이미 죽은"것 같다고 주장한다. 더 나아가 빈디치가 실재의 결핍인 파생실제(hypereal)의 상태에 있는가를 콕스 또한 관객에게 질문을 던진다고 주장한다(213). 한편 극에서 보인 복수자 빈디치의 행동에 대해 강석주는 "전통적인 비극의 주인공에게서 찾을 수 있는 내적 갈등과 고통의 고귀함이 보이지 않는다는 점에 기인하는 것으로 보인다. 하지만 정의의 실현이 불가능한 극중 사회 상황을 주목한다면 그의 조롱과 잔인함이 고통에서 잉태되었음을 간과해선 안 될 것"(3)이라며 극에서의 빈디체 행동에 대해 공감을 표한다. 극에서 빈디체가 공작과 루수리오조의 살인 행위에서 '내적 갈등과 고통'을 보이지 않았던 점은 영화에서 빈디치가 사악하고 자신의 행위에 즐거워하는 실재가 결핍된 모습으로 변형되었다고 해석하는 게 나을 듯하다. 여하간 미들턴의 빈디체가 보인 조롱과 잔인함은 콕스의 빈디치로 하여금 살아남은 자와 죽은 글로리아나 사이에서 실재성을 입증하려는 일을 어렵게 하는 건 분명하다.

안토니오는 모든 상황을 종료시킨다. 안토니오가 새로운 정치 질서를 대변한다 싶었지만 도시에 있던 공작의 포스터가 이젠 안토니오와 이모겐의 사진으로 교체만 될 뿐이다. 보드리야르가 "권력은 현실을 연출하고 위기를 연출하며 사회적, 경제적, 정치적인 인위적 목표들을 재생산하는 연기를 한다."(power plays at the real, plays at crisis, plays at remanu facturing artificial, social, economic, and political stakes)라고 기술했듯이 안토니오는 현실을 새로운 기호로 재연출한다. 하지만 이 또한 사망한 공작의 모사에 불과하다. 통치권을 받은 안토니오는 "그 책임은 너무 막중해서 내 노년을 내리누를 것이오;/ 부디 내가 잘 통치해서 하늘이 왕관을 보호해 주시길"(The burden's weighty, and will press age down;/ May I so rule that heaven may keep the crown.)(5.3.88-89)이라며 빈디치에게 말을 한다. 안토니오는 빈디치 가족과 식당 안으로 옮겨간다. 밖에서는 안토니오를 지지하는 배고픈 시민들이 그가 메시아가 되어 더 많은 것을 그들에게 해줄 것을 기대하고 있다. 식당의 두 창문 사이에 자리를 잡고 앉은 안토니오는 눈과 피라미드를 포함하고 있는 포스터와 애도의 표정을 담은 이모겐의 사진을 양측에 두게 된다. 이렇게 앉은 안토니오의 상황에 대해 레만은 안토니오가 달러의 화신인 "몰살시키는 천사"인지 아니면 순교자 격인 천사의 행동을 선택해야 하는지에 관한 질문이 반영된 것이라고 주장한다(213).

안토니오 공작은 빈디치에게 "노공작이 어떻게 살해되었는지."(how the old duke came murder'd.)(5.3.92)라고 묻는다. 극에서는 "그를 살해한 것은 저희 둘입니다."('Twas we two murdered him.)(5.3.98)라고 하지만 영화에서 빈디치는 안토니오의 질문에 위험을 느끼고 "그를 살해한 것은 저입니다."('Twas I who murdered him.)라고 대답한다. 그러곤 자신이 공작 살해에 사용한 칼을 가방에서 꺼내 증거로 보여준다. 빈디치는 안토니오가 제시한 돈도 거절한다. 이러한 빈디치를 본 후 안토니오는 한나, 카스티자, 카를로가 다 모여 있는 자

리에서 빈디치를 체포하라고 명한다. 그는 "나를 위한 것이라
고! 이들을 끌고 나가라. 노공작과 같은 늙은이를 말이지;/ 그
를 살해한 너희들이야말로 나까지도 죽일 놈들이다."(Aw with
'em! Such an old man as he;/ You that would murder him
would murder me.)(5.3.104-05)라고 설명하면서 빈디치와 카
를로를 체포한다. 안토니오의 폭정이 시작되었다.

  빈디치의 죽음은 임박하다. 리버풀이라는 신 봉건적 르네상
스 도시에서의 역동적인 파워-투쟁이라는 관점에서(Lehmann,
214) 볼 때, 공작의 죽음으로 덕을 보게 된 또 한 명의 폭군
안토니오의 권력은 재생산된다. 안토니오의 사람들이 빈디치
를 잡으려고 할 때, 빈디치가 총을 꺼내 들고 이때 카를로가
안토니오를 인질로 잡게 된다. 빈디치는 총을 빼고 온 가족이
안토니오를 둘러싸고 그를 긴 계단 밑으로 걸리며 빈디치는
최후의 독백을 남긴다.

> 그러나 폐하, 기왕 우리는 사형선고 받았으니,
> 이 일은 우리가 한 걸로 하렵니다.
> 그러지 않았으면 일이 제대로 되지 않았을 거예요.
> 우리가 원한다면 우리는 공모한 귀족들을 처형시키거나
> 거지만도 못하게 만들 수도 있었어요.
> 하지만 우리는 비겁하게 피 흘리고 싶진 않아요.
> 우린 사실 충분히 복수했으니까요.

> And now, my lord, since we are in foe ever,
> This work was ours, which else might have been slipped,
> And, if we list, we could have nobles clipped
> And go for less than beggars; but we hate

To bleed so cowardly. We have enough, i'faith; (5.3.119-123)

빈디치는 위선과 거짓 사기, 부정부패를 자행하는 귀족과 공작들의 행태와는 대조를 이루는 소시민의 정직한 태도를 표현한 것이다. 콕스가 극과 영화에서 윤리적인 목적에 초점을 맞추려고 했듯이(269) 빈디치 또한 이런 점을 강조하고 있다. 더 나아가 카를로는 "우린 진심으로 만족해요, 우리 어머니도 회심했고, 우리 여동생도 순결을 지켰으니까요;/ 게다가 공작들 한 떼거리 먼저 죽이고 죽는 거니까요."(We're well, our mother turned, our sister true;/ We die after a nest of dukes.)(5.3.124-5)라는 말을 남긴다. 이 말은 극에서 빈디체가 했던 말이다. 하지만 콕스는 형제애를 보여주려 했는지 동생 카를로에게 이 대사를 맡긴다. 제임스 켈러(James R. Keller)는 빈디치를 체포하려던 안토니오가 국가의 테러리즘을 행사한 격이라(197) 주장하는데 이는 국가가 억압적 폭력의 또 다른 주체가 되고 있음을 보여준 셈이다.

마지막 장면에서, 빈디치 일행은 계단 밑에서 그들에게 총을 겨누는 십여 명의 사람들을 만나는데, 폭동진압용 장비를 든 경찰에서부터, 시민, 주니어의 재판장에서 코에 산소 튜브를 낀 판사에 이르기까지이다. 빈디치가 안토니오를 쏘려고 할 때, 그 총은 "bang"이라 써진 깃대가 들어 있는 가짜 총으로 드러났다. 이때 카를로는 "젠장"(shit)이라 말하고 빈디치가 "안녕"(adieu)이라 하자 가족도 "안녕"으로 답한다. 관객들은 여러 차례의 계속된 총소릴 듣게 되는데 아마 안토니오와 그의 부하들은 물론 빈디치의 가족도 당했으리라 생각한다. 카메라는 계단 끝에 걸린 엘리자베스 여왕의 초상화를 비춘다. 여왕의 초상화는 영화의 최종 이미지가 된다. 빈디치가 영화 초반에 해골에게 복화술로 말했던 "Revenge! Revenge! Revenge!" 말이 나오며 원자폭탄이 폭발한다. 처음엔 콕스가 원자폭탄 대신 붕괴하는 무역센터 건물을 보여주려 했지만 투자자들에게 반미주의로 비칠 수 있음을 감안해 초기의 계획을 수정했다고 밝힌다(269). 이러한 결론에 대해 애비셔는 핵폭탄이나 그 위로 그로테스크하게 그녀의 복수를 울부짖는 글로리아의 목소리와 함께, 콕스의 영화는 근대 초기와 현대 테러리즘을 놀랍게 혼용시키면서 결론을 내렸다고 해석한다. 이러한 맥락에 콕스가 역사적 차이와 형식은 무시하지만 반항과 사회적 불안정성을 배경으로 한 그의 당대 비극을 전했던 인물인 미들턴을 혁명의 작가이자 근대 초기 문화적 게릴라 전사로 간주했다는 그의 개념이 응축되어 있다고 주장한다.(139)

핵폭탄 장면 이외에도 마지막 장면에선 콕스의 영화가 미들턴의 극과는 차이가 많이 난다. 극에선 빈디치와 남동생만이 죽을 뿐인데 영화에선 가족이 모두 죽는다. 콕스는 미들턴의 정치적 메시지보다 더 전복적인 이미지와 무정부적인 혼돈으로 영화를 마무리한다. 쿡은 마지막 장면이 복수자들과 권위자들 모두로 향한 미들턴의 공평한 양가감정에 대한 태도를 강화시켜준다고 주장한다. 마지막 장면으로 이어지는 핵폭발의 마지막 이미지는 "중국 속담"을 생각나게 하는데, "Let the man who seeks revenge remember to dig two graves"(복수를 하려는 자는 두 개의 무덤을 파야 함을 기억하자)이다. 이는 콕스가 영화의 첫 화면에서 보여준 내용이다(90). 콕스는 이러한 파국적인 영화의 결말을 이미 초반에 암시했다. '복수를 하려는 자'인 빈디치가 안녕하며 카메라에 윙크를 하는데 레이는 빈디치의 자살이 그를 전멸로 이끄는 포스트모던한 음모자가 되는 것을 가능하게 한다(555)고 주장한다.

모든 이들의 죽음을 암시했던 마지막 장면인 원자폭탄이나 콕스가 9/11을 염두에 두고 마지막 장면을 마무리했다는 맥락에서 켈러는 콕스 영화를 새로운 관점에서 비전을 제시한다. 켈러는 보드리야르가 '눈에 보이지 않는 테러리즘을 새로운 적'으로 간주한다는 주장을 예로 들면서 <복수자 비극>에는 신에 의한 종말론적인 서사가 없었을 뿐 아니라 종말론적인 척결도 없었다고 주장한다. 그런 탓으로 2천 년 말 무렵의 시간에 대한 종말론적인 예언은 붕괴되고 대신 테러리즘에 대한 지구 전역의 캠페인이 전개될 것이라고 강조한다(195). 영화에서 기득권층의 부정과 부패가 완전히 청산된 것도 아니고 근절될 수도 없음을 시사받았기 때문에 국가의 경계가 없는 테러리즘에 대한 새로운 형태의 복수자들을 예상하게 한다. 9/11과 같은 픽션은 이슬람 테러리즘에서 출발하지만 앞으론 눈에 보이지 않는 범종교적, 국가적 차원의 테러리즘이 새로운 지구 종말에 기여할 것이다.

보드리야르가 신의 이미지에 대해 신은 "더 이상 실재와 교환되지 않으며, 어느 곳에서 지시도 테두리도 없는 끝없는 순환 속에서 그 자체로 교환되는 시뮬라크르이다."(not unreal, but a simulacrum, that is to say never exchanged for the real, but exchanged for itself, in an uninterrupted circuit without reference or circumference.)(6)라고 밝혔듯이 콕스는 신에 의한 최후의 심판은 더 이상 존재하지 않음을 마지막 장면에서 암시하는 듯하다. 이런 맥락에서 레만은 마지막 장면을 "역사의 죽음"(214)으로까지 표현한다. 결국 콕스는 지구 종말이라는 주제를 신의 중심이 아닌 실재에 대한 열정으로 가득 찬 현실적 상황으로 마무리한다.

3

지금까지 콕스 감독의 <복수자 비극>에 재현된 포스트모던한 담론을 중점적으로 분석해 보았다. 자코비안 시대의 극작가 미들턴이 『복수자의 비극』에서 빈디체를 통해 주장했던 당시의 체제 저항이나 과격성, 지구 종말론적인 내용은 콕스에 의해 포스트모던하게 각색되고 전유되어 현대 자코비안 영화라는 결과를 낳는다. 말을 바꾸어서 하자면 미들턴 극에 함유된 여러 메시지가 결국 현대성을 담보한다는 것이다. 미들턴이 『복수자의 비극』에서 복수라는 이름하에서 자행되었던 공작을 포함한 가족들에 대한 복수의 내용과 그 귀족인물들의 도덕관념이나 사고방식은 현대에서도 예외는 아니다. 과거 통치자이며 기득권층 인물들의 성향은 콕스에 의해 전적으로 해체 분석되고 고발된다.

콕스는 우선, 영화 촬영 장소 선정에서부터 저항의식을 갖고 있다. 콕스는 미들턴의 권력 부패나 귀족들의 타락 고발이라는 주제에 맞게 과거 제국주의 리버풀에서 자행되었던 인종차별과 신분차별에 초점을 둔다. 리버풀에서의 로케이션은 의미가 크다. 리버풀은 콕스의 재현의 의도와 저항 표출에 적합한 역사적 도시이자 현재에서도 이런 점이 적용되는 곳이다. 리버풀 도시에 내재된 제국주의나 자본주의 역사가 다면적으로 콕스의 영화에 재현된다. 리버풀의 억압적 역사와 그것이 현대에 반영된 점에 초점을 둔다. 이를테면, 대영제국의 번창기에 세워진 건축물인 세인트 조지 홀, 노예 교역을 기초로 해 세워진 건축물, 빈민자들의 부둣가와 로열 리버 빌딩, 머지 부두 등이 리버풀의 인종 착취에 대한 역사와 현대 노동계급자들의 노동 역사를 소환한다. 리버풀의 역사적 건축 랜드마크는 결국 도시에 담긴 폭력성으로까지 연결된다. 영화에서 나온 리버풀의 에인트리 경마장은 단순한 물리적인 공간이 아니라 그곳에 내재된 과거의 억압과 폭력적 사실을 현재에까지 적용시킬 수 있다는 데 큰 의미를 지닌다. 결국 리버풀은 자본주의 과거 억압 담론을 내포할 뿐 아니라 2011년이라는 미래시점 또한 관통하는 상징성이 많은 도시이다.

리버풀 도시 건축물에 새겨진 폭력성을 배경으로 콕스는 2011년이라는 미래의 리버풀에 미들턴의 과거 타락한 자본주의 기득권층을 소환해 그들을 포스트모던하게 새롭게 해석한다. 펑크족의 이미지나 지구 종말적인 분위기를 자아내는 아방가르드적 기법을 사용해 콕스는 <복수자 비극>의 등장인물들이 실재가 박탈된 현실에서 허구적 경험(시뮬라시옹과 시뮬라르크)을 하고 있음을 보여준다. '실재에 대한 열정'을 가진 빈디치는 실재를 박탈당한 공작의 가족을 통쾌하게 복수한다. 실재를 경험하지 못하는 공작의 외모와 아들들의 피어싱이나 상처 내기, 생명 유지 장치를 달고 있는 재판장이 모두 가상 현실에 머물고 있다.

콕스는 현실의 허구적 경험인 파생실재를 통해 공작 가족의 자본주의의 안일함에서 비롯된 비도덕성이나 실재의 결핍성을 보여주고자 했으며 또한 현대 미디어의 문제를 통해 실재에 대한 열정이 빼앗긴 자본주의 사회상을 비판하고자 했다. 리버풀 시민들은 공작과 안토니오의 미디어 수단에 감금되어 제어를 받게 되는 소비 사이클 안에 갇혀 있다. 파생실재인 스포츠를 경험하는 것 외에 안토니오 아내인 이모겐의 사망 뉴스는 안토니오로 하여금 포퓰리즘에 근거해 언론이나 여론 조작으로 대중의 지지를 받아 통치하는 것을 가능하게 한다. 이모겐의 시신을 활용해 자신의 정치적 입지를 다진 셈이다.

결국 극의 마지막에서 빈디치와 그의 가족이 모두 사살되지만, 마지막 장면에서 원자폭탄 이미지가 보여주는 메시지는 의미가 크다고 본다. 콕스는 지구 종말이라는 주제를 신의중심에 두는 게 아니라 실재에 대한 열정으로 가득 찬 현실에대한 필요성을 희망한 곳에 두었다. 이렇듯 콕스는 포스트모던한 이미지와 담론을 차용해 미들턴 극에 담긴 다양한 도발적 주제를 현재화 한다. 더 나아가 필자는 미들턴의 자코비안 극이 단순히 과거를 대표하는 극이 아니라 현재성을 담보하기에 충분한 극임을 확인했으며 그 결과 영국 근대 드라마의 외연 확장에 큰 역할을 할 것이라는 데 많은 기대를 건다.

인용 문헌

강석주. 「『복수자의 비극』─조롱과 환멸의 정치학」. 『영어영문학』 24.3 (2011): 1-26.

Aebischer, Pascale. *Screening Early Modern Drama Beyond Shakespeare.* Cambridge: Cambridge UP, 2013.

Baudrillard, Jean. *Simulacra and Simulations.* Trans. Shelia Faria Glaser. Ann Arbor: Michigan UP, 1994.

Cohen, Sara. *Decline, Renewal and the City in Popular Music Culture: Beyond the Beatles.* Aldershot: Ashgate, 2007.

Cox, Alex. *X Films: True Confessions of a Radical Filmmaker.* London and New York: I. B. Tauris, 2008.

Cook, Patrick J. "Adapting *The Revengers Tragedy.*" Literature/Film Quarterly 35:2 (2007): 85–91. Print.

Hallam, Julia. 'Film, Class and National Identity: Re-imaging Communities in the Age of Devolution', *British Cinema, Past and Present.* Ed. Justine Ashby and Andrew Higs. London: Routledge, 2000. 261-73.

Hartley, Andrew. "Film Review of *Revengers Tragedy.*" *Shakespeare Bulletin* 22.4 (2004): 83–9. Print.

Keller, James R. "Alex Cox's *Revengers Tragedy* and the Foreclosure of Apocalyptic Teleology." The English Renaissance in Popular Culture: An Age for All Time. Ed. Greg Colón Semenza. New York: Palgrave, 2010. 187–216. Print.

Lehmann, Courtney. "Performing the 'Live:' Cinema, Simulation, and the Death of the Real in Alex Cox's *Revengers Tragedy.*" New Directions in Renaissance Drama and Performance Studies. Ed.

Sarah Werner. New York: Palgrave, 2010. 195-221. Print.

Middleton, Thomas. *The Revenger's Tragedy*. Ed. R. A. Foakes. New York: Manchester UP, 1996.

Misselwitz, Phil. 'Liverpool City Profile', in *Manchester/Liverpool II: Shrinking Cities*. Berlin: Kulturstiftung des Bundes, March 2004. http://tinyurl.com/c8u98xq, 114-18. Print.

Minton, Gretchen E. "*The Revenger's Tragedy* in 2002: Alex Cox's Punk Apocalypse." *Apocalyptic Shakespeare: Essays on Visions of Chaos and Revelation inRecent Film Adaptations*. Eds. Melissa Croteau and Carolyn Jess-Cooke. Jefferson and London: McFarland, 2009. 132-47.

Morgan, William J. "Ardorno on Sport: The Case of the Fractured Dialiectic", *Theory and Society* 17: 6, (1987): 813-38.

Murden, Jon. "'City of Change and Challenge": Liverpool since 1945', *Liverpool 800: Culture, Charater & History*. Ed. John Belchem. Liverpool UP, 2006.

Revengers Tragedy. Dir. Alex Cox. Perf. Christopher Eccleston and Kevin Knapman. Bard Entertainments, 2002. DVD.

Wray, Ramona. '*Revengers Tragedy*: Jacobean Drama, Kenneth Branagh's Cinema and the Politics of the Not-Shakespearean', *Shakespeare Bulletin* 29.4 (2011): 548-58. Print.

Žižek, Slavoj. *Welcome to the Desert of the Real!* London and New York: Verso, 2002.

조재희

경북대학교 중어중문학과 영어영문학과 졸업. 동 대학원에서 『셰익스피어 극에 나타난 모성 환상과 여성 억압』으로 박사학위를 받았다. 경북대 등에서 영문학 강의와 연구교수로 활동을 해오고 있다. 저서로는 『셰익스피어와 정신분석』, 『삶과 앎』(공저), 『거대한 단절』(역서) 등이 있으며 「『말피 공작부인』에 재현된 포스트-휴머니즘」을 포함한 다수의 논문이 있다.

근대 초기 드라마의 외연 확장:

자코비안 드라마의 영화 각색과 전유

초판인쇄 2022년 1월 31일
초판발행 2022년 1월 31일

지은이 조재희
펴낸이 채종준
펴낸곳 한국학술정보㈜
주 소 경기도 파주시 회동길 230(문발동)
전 화 031) 908-3181(대표)
팩 스 031) 908-3189
홈페이지 http://ebook.kstudy.com
E-mail 출판사업부 publish@kstudy.com
출판신고 2003년 9월25일 제406-2003-000012호

ISBN 979-11-6801-309-4 93680

이 책은 한국학술정보㈜와 저작자의 지적 재산으로서 무단 전재와 복제를 금합니다.
책에 대한 더 나은 생각, 끊임없는 고민, 독자를 생각하는 마음으로 보다 좋은 책을 만들어갑니다.